DEATH NOTE

★この作品はフィクションです。実在の人物・
団体・事件などには、いっさい関係ありません。

JUMP COMICS

DEATH NOTE
デスノート

1 退屈

原作／大場つぐみ Tsugumi Ohba
漫画／小畑健 Takeshi Obata

DEATH NOTE 1

退屈《たいくつ》

死神《しにがみ》界《かい》
毎日《まいにち》同《おな》じ事《こと》の繰《く》り返《かえ》し…つまらねー
この世《よ》は腐《くさ》ってる……
人《にん》間《げん》界《かい》
page. 1 退《たい》屈《くつ》

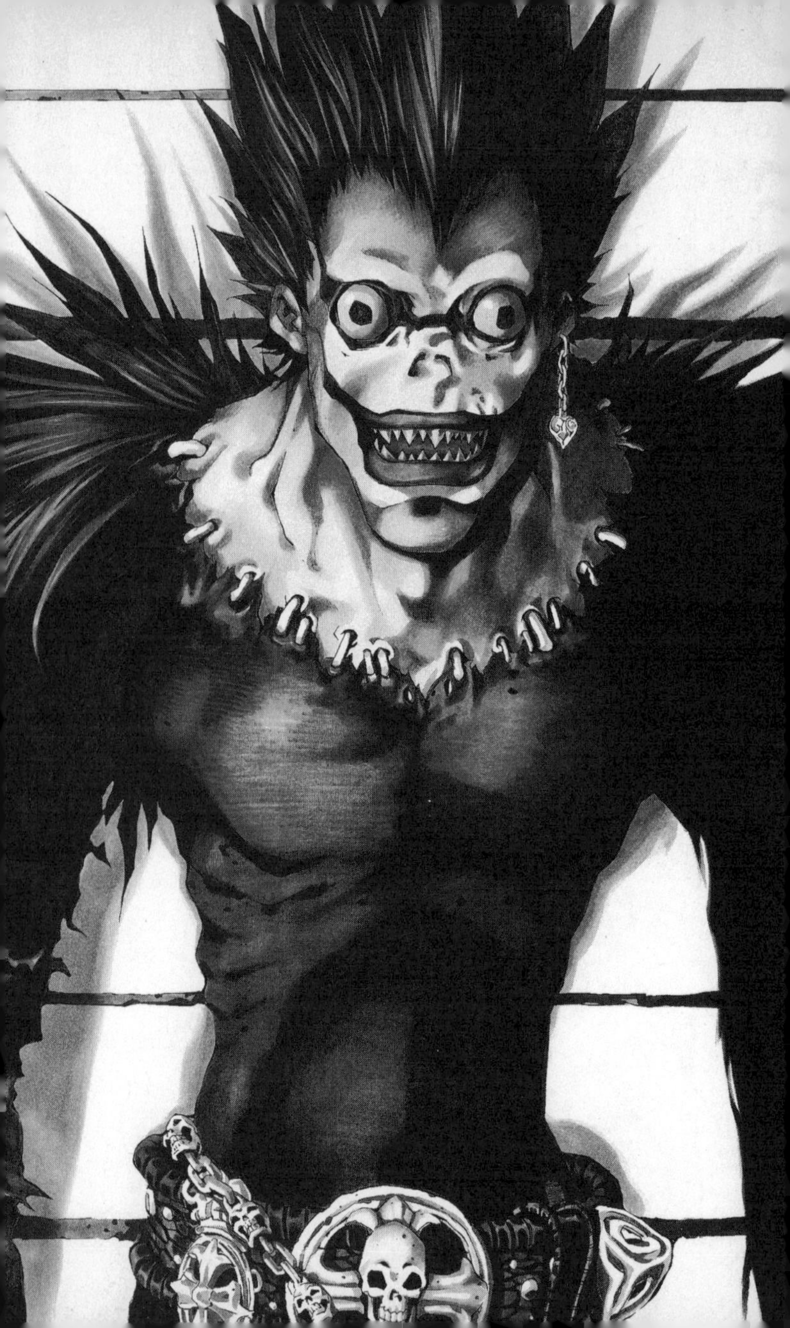

page.1 退《たい》屈《くつ》

カラ
カラ
横髑髏《ねんねどくろ》ふたつ
また
俺《おれ》の勝《か》ちだ
ケケケ…
ケッ
あれから
五日《いっか》…
そろそろ
行《い》くか
ザッ
ん？
どこ行《い》くんだ
リューク
死神界《ここ》は
どこに行《い》ったって
不毛《ふもう》だぜ
ヒヒ
デスノート
落《お》としちまった
ギャハハー
今度《こんど》はまた すげー
ドジしたな
つーか おめー
死神大王《ジジイ》騙《だま》くらかして
二冊《にさつ》持《も》ってたじゃねーか
二冊共《にさつとも》 落《お》としたのかよ？

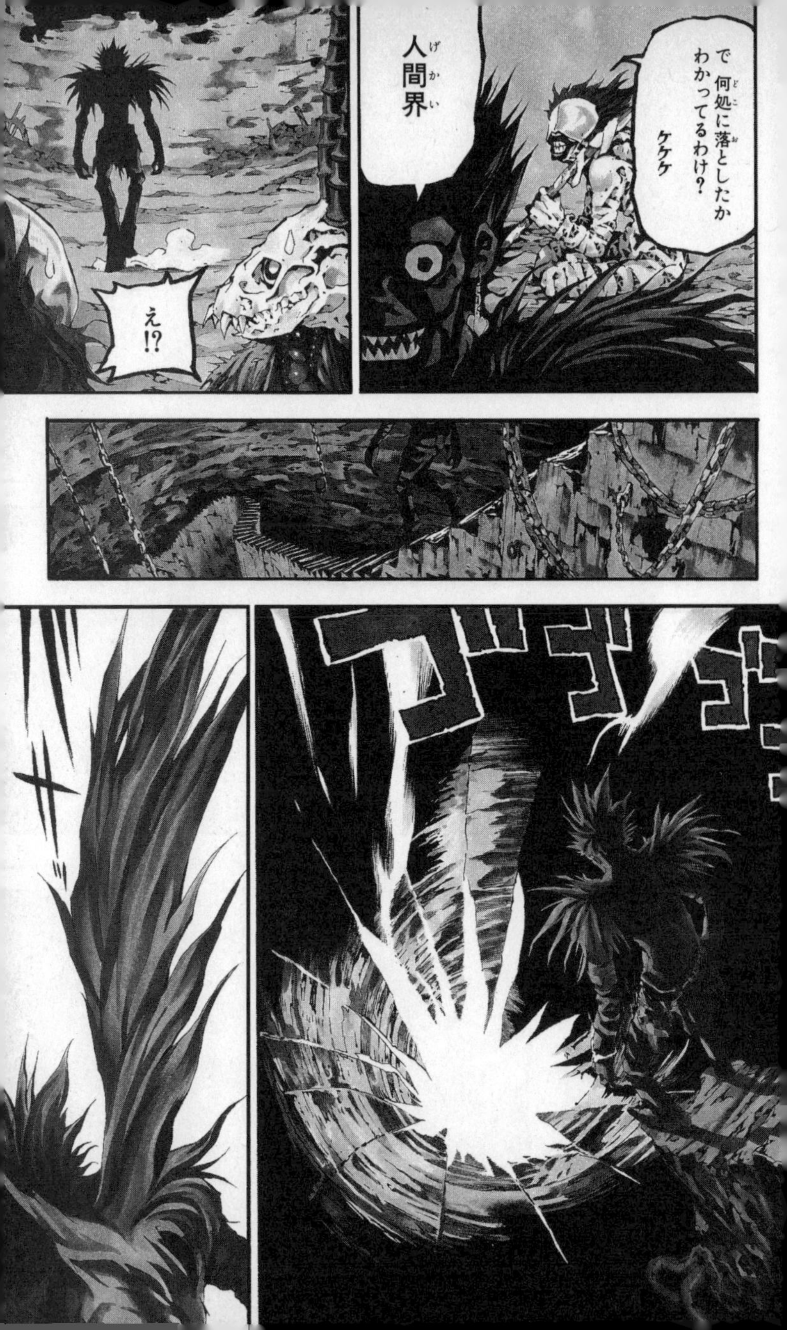
で何処《どこ》に落《お》としたかわかってるわけ？
ケケケ
人間界《げかい》
え!?

この死神《しにがみ》が
人間界《にんげんかい》に落《お》とした
一冊《いっさつ》のノートから
二人《ふたり》の選《えら》ばれし者《もの》の
壮絶《そうぜつ》な戦《たたか》いが始《はじ》まる

?
夜神《やがみ》月《ライト》 17歳《さい》
ん?
!!
ノート?……

DEATH《デス》 NOTE《ノート》
直訳《ちょくやく》で死《し》のノート…
『これは死神《しにがみ》のノートです』
ぷっ
パラ
DEATH NOTE
HOW TO USE《つかいかた》……………
全部《ぜんぶ》 英語《えいご》か面倒《めんどう》だな…

『このノートに名前《なまえ》を書《か》かれた人間《にんげん》は死《し》ぬ』
ははは
ったく病《や》んでるな なんで皆《みんな》こういうくだらないのが好《す》きかな
不幸《ふこう》の手紙《てがみ》から全然《ぜんぜん》進歩《しんぽ》しちゃいない…
ただいま
『書《か》く人物《じんぶつ》の顔《かお》が頭《あたま》に入《はい》っていないと効果《こうか》はない ゆえに同姓同名《どうせいどうめい》の人物《じんぶつ》に一遍《いっぺん》に効果《こうか》は得《え》られない』
『名前《なまえ》の後《あと》に人間界単位《にんげんかいたんい》で40秒以内《びょういない》に死因《しいん》を書《か》くとその通《とお》りになる』
『死因《しいん》を書《か》かなければ全《すべ》てが心臓麻痺《しんぞうまひ》となる』
『死因《しいん》を書《か》くと更《さら》に6分《ぷん》40秒《びょう》詳《くわ》しい死《し》の状況《じょうきょう》を記載《きさい》する時間《じかん》が与《あた》えられる』

ふっ
楽《らく》に死《し》なせたり苦《くる》しませて死《し》なせる事《こと》ができるってわけか…
悪戯《いたずら》もここまで手《て》が込《こ》んでるとまあまあかな…
DEATH NOTE
名前《なまえ》を書《か》くと死《し》ぬか…
くだらない
ふぁ

五日後《いつかご》
じゃあな
ただいま
バタン
おかえり――っ
ニコ ニコ
ああ
はい

まあ! また全国《ぜんこく》共通《きょうつう》模試《もし》 全国《ぜんこく》で1位《い》!
まあね
じゃ 勉強《べんきょう》するから 邪魔《じゃま》しないでね
はいはい
あ ライト 何《なに》か欲《ほ》しい物《もの》はない? 何《なん》でも言《い》って
ないよ 母《かあ》さん
欲《ほ》しい物《もの》は 手《て》に入《はい》った…
バタン
ふー……
カチャ

ABCN
ピ
カチャ
ガラッ
DEATH NOTE
……
ふ
ふふ…
気《き》に入《い》ってるようだな

う
うわっ…
何故《なぜ》そんなに驚《おどろ》く
デス《その》ノートの落《お》とし主《ぬし》
死神《しにがみ》のリュークだ
さっきの様子《ようす》だと もう
それが普通《ただ》のノートじゃ
ないって わかってるんだろ?
し…死神《しにがみ》

……
死神《しにがみ》か…
驚《おどろ》いてないよ
リューク
……
いや…

待《ま》ってたよ
リューク…
ほう
死神《しにがみ》まで来《き》てくれるとは…
親切《しんせつ》だ…
僕《ぼく》は既《すで》に「死神《しにがみ》のノート」を現実《げんじつ》だと疑《うたが》ってなかったが
こうして いろんな事《こと》を直視《ちょくし》する事《こと》でますます確信《かくしん》を持《も》って行動《こうどう》できる
それに聞《き》きたい事《こと》もある
!

くくっ…
これは凄《すご》い
逆《ぎゃく》にこっちが驚《おどろ》かされた
過去《かこ》にデスノートが人間界《にんげんかい》に出回《でまわ》った話《はなし》は何度《なんど》か聞《き》いたが
たった五日《いつか》でここまで殺《や》ったのはおまえが初《はじ》めてだ
並《なみ》じゃビビってここまで書《か》けない
覚悟《かくご》はできてるよ
リューク…
僕《ぼく》は死神《しにがみ》のノートをわかっていて使《つか》った…
そして死神《しにがみ》が来《き》た…
僕《ぼく》はどうなる…？
魂《たましい》を取《と》られるのか？
ん？
何《なん》だそれ？
人間《にんげん》の作《つく》った勝手《かって》な空想《イメージ》か？
俺《おれ》は おまえに何《なに》もしない

人間界《にんげんかい》の地《ち》に着《つ》いた時点《じてん》で
ノートは人間界《にんげんかい》の物《もの》になる
……
もう
おまえの
物《もの》だ
………
僕《ぼく》の物《もの》……
いらなきゃ
他《ほか》の人間《にんげん》に回《まわ》せ
その時《とき》は おまえの
デスノートに関《かん》する記憶《きおく》だけ
消《け》させてもらう
そして
!?

ザッ
元《もと》俺《おれ》のノートを使《つか》ったおまえにしか俺《おれ》の姿《すがた》は見《み》えない
もちろん声《こえ》もおまえにしか聞《き》こえない
でさーハハハ
なにそれー
デスノートが
人間《にんげん》 月《ライト》と死神《しにがみ》 リュークをつなぐ絆《きずな》だ
………
絆《きずな》…

じゃあ本当《ほんとう》にデスノートを使《つか》った代償《だいしょう》って何《なに》もないんだな?
ガザッ
……
強《し》いて言《い》えば…
そのノートを使《つか》った人間《にんげん》にしか訪《おと》れない苦悩《くのう》や恐怖《きょうふ》…
そして
おまえが死《し》んだ時《とき》…俺《おれ》がおまえの名前《なまえ》を俺《おれ》のノートに書《か》く事《こと》になるが――
デスノートを使《つか》った人間《にんげん》が天国《てんごく》や地獄《じごく》に行《い》けると思《おも》うな

それだけだ
……
ふっ
ふふ
クックッ
クッククッ
死《し》んでからの
お楽《たの》しみだ

じ…じゃあ もうひとつ
何故《なぜ》 僕《ぼく》を選《えら》んだ？
はあ？
くくっ うぬぼれるな
俺《おれ》は ただノートを落《お》としただけだ 賢《かしこ》い自分《じぶん》が選《えら》ばれたとでも思《おも》ったのか？
たまたま この辺《へん》に落《お》ち… たまたま おまえが拾《ひろ》った…
だから人間界《にんげんかい》で 一番《いちばん》ポピュラーな 英語《えいご》で 説明《せつめい》つけたんだぜ
じゃあ 何故《なぜ》 落《お》とした⁉
丁寧《ていねい》に 使《つか》い方《かた》まで書《か》いて 「間違《まちが》って落《お》とした」 なんて言《い》うなよ
何故《なぜ》かって ？……

退《たい》屈《くつ》だったから
死神《しにがみ》が
こんな事《こと》言《い》うのも
おかしいが
生《い》きてるって気《き》が
しなくてな…
実際《じっさい》
今《いま》の死神《しにがみ》ってのは
暇《ひま》でね
昼《ひる》寝《ね》してるか
博《ばく》打《ち》うってるかだ
下《へ》手《た》にデスノートに
人間《にんげん》の名前《なまえ》なんて
書《か》いてると
「何《なに》ガンバッちゃってるの？」
って笑《わら》われる

自分《じぶん》は死神界《しにがみかい》に居《い》るのに
人間界《にんげんかい》の奴《やつ》を殺《ころ》しても
面白《おもしろ》くもなんともない
だからといって
死神界《しにがみかい》の奴《やつ》を
ノートに書《か》いても
死《し》なないんだからな
こっちに居《い》た方《ほう》が
面白《おもしろ》いと
俺《おれ》は踏《ふ》んだ
パラ…
それにしても
ずいぶん名前《なまえ》
書《か》いたな

……
僕《ぼく》も…
?
退屈《たいくつ》だったから…
もちろん最初《さいしょ》は信《しん》じなかった
でも そのノートには人間《にんげん》なら誰《だれ》でも一度《いちど》は試《ため》してみたくなる魔力《まりょく》がある…

待《ま》てよ
万《まん》が一《いち》死《し》んだら僕《ぼく》は殺人犯《さつじんはん》か？
………

殺《ころ》しても いい人間《にんげん》…
しかも僕《ぼく》とは全《まった》く 無関係《むかんけい》な人間《にんげん》の方《ほう》が いいな…
そして 死《し》んだかどうか すぐわかる人間《にんげん》………
そう いえば
って マジになりすぎか………
パッ
ニュース6
昨日《さくじつ》 新宿《しんじゅく》の繁華街《はんかがい》で 無差別《むさべつ》に六人《にん》もの人《ひと》を殺傷《さっしょう》した 通《とお》り魔《ま》は今《いま》もなお 幼児《ようじ》と保母《ほぼ》八人《にん》を人質《ひとじち》に この保育園《ほいくえん》に たてこもっております
新宿通り魔 幼児ら8人を人質
警視庁《けいしちょう》は犯人《はんにん》を 音原田《おとはらだ》九郎《くろう》 無職《むしょく》42歳《さい》と 断定《だんてい》
音原田《おとはらだ》は一昨日《いっさくじつ》…
音原田 九郎(42)

音原田九郎
チラ
40秒《びょう》で心臓《しんぞう》麻痺《まひ》だったな
18:23 00
11/28 FRI 6:00
40秒《びょう》…
23 41
FRI
ALARM TIME 6:00
やっぱり何《なに》も起《お》こらない
あっ人質《ひとじち》が出《で》て来《き》ました
皆《みな》無事《ぶじ》の様《よう》です
入《い》れ替《か》わる様《よう》に警官隊《けいかんたい》が突入《とつにゅう》！犯人逮捕《はんにんたいほ》か!?

ザワ
ザワ
あっ もう
出《で》て来《き》ました!?
?
ザワ
ザワ
犯人《はんにん》らしい者《もの》は出《で》て来《き》ませんね
いったいどうなってるのでしょうか
今《いま》情報《じょうほう》が入《はい》りました!!
犯人《はんにん》は保育園内《ほいくえんない》で死亡《しぼう》!!
犯人《はんにん》は死亡《しぼう》した模様《もよう》です!!
死亡《しぼう》!?

警官《けいかん》が「射殺《しゃさつ》したのではない」と強調《きょうちょう》しております
では追《お》いつめられての自殺《じさつ》という事《こと》でしょうか？
それが人質《ひとじち》の証言《しょうげん》では「犯人《はんにん》は突然倒《とつぜんたお》れた」と…
心臓麻痺《しんぞうまひ》……
ひ…一人《ひとり》じゃわからない
偶然《ぐうぜん》て事《こと》も…
ビクッ
ライトーー
もう6時《じ》25分《ふん》よー今日《きょう》は塾《じゅく》の日《ひ》でしょー
あ　ああ　今《いま》　支度《したく》してるとこ
誰《だれ》だか…
殺《ころ》してもかまわない…いや死《し》んだ方《ほう》がいい人間《にんげん》

蒲生ゼミナール
そうなると やはり 犯罪者《はんざいしゃ》か…
しかし あまり大物《おおもの》でも その事実《じじつ》をしばらく 隠《かく》される可能性《かのうせい》が あるな
SAKAEYA
歯科
すぐに 結果《けっか》が 欲《ほ》しい
よー 良《りょう》チン
な…なに 素藤《すどう》くん
二千円《にせんえん》でいいから 貸《か》してくれよ
え… ま…また ですか
ヒューッ 今日《きょう》も帰《かえ》り ゲーセン行《い》くぜ ──っ
素藤《すどう》
殺《ころ》してみるか？ ………
いや 身近《みぢか》な人間《にんげん》は なるべく避《さ》けた方《ほう》が ………
そんな気《き》にする 事《こと》もないか… こんな奴《やつ》の一人《ひとり》や二人《ふたり》 死《し》んでも誰《だれ》も何《なに》も 思《おも》わない…

パシ
いて
コラーッ 全国模試《ぜんこくもし》1位《い》の夜神君《やがみくん》ボーッとしてるんじゃないよーっ
キャはは…
おまえはうちの看板《かんばん》なんだ 次《つぎ》も頼《たの》むよー
はい すいません 先生《せんせい》…
ねーっ マキ 明日《あした》夜《よる》10時《じ》から S大生《だいせい》と飲《の》み会《かい》来る？
いく いくーっ
えー あたしもー
なんだよ うちのババァ 迎《むか》えに来《き》てねーじゃねーか
まったく…
こうなると どいつもこいつも
ギャハハ
殺《ころ》した方《ほう》が世《よ》の中《なか》の為《ため》になる奴《やつ》ばかりに見《み》えてくる
ドドド
ドドド

おねーさーん
キャッ
今《いま》から俺《おれ》らと遊《あそ》ばなーい？
さすがタクさん すんげー美人《びじん》ゲット
俺《おれ》 渋井丸《しぶいまる》 拓男《たくお》 略《りゃく》してシブタク へへ… 付《つ》き合《あ》ってよ おねーさん
タク そればっか
まー 本名《ほんみょう》だし
こ… 困《こま》ります…
困《こま》ります だって
キャワイーッ！
ギャハハ…
ドッ ドッ ドッ
ガアー

ドドド
銀行ATM
ハハハ
音原田 九郎
渋井丸 拓男 事故死
渋伊丸 拓男 事故死
渋井丸 拓夫 事故死
渋伊丸 拓夫 事故死
渋井丸 拓雄 事故死
渋伊丸 拓雄 事故死
渋井丸 卓男 事

……
さあ
どうなる!?
逃《に》げた!
おっと
こっちは
バイクだぜ
……
たっ
ドドドド
タク!
危《あぶ》ね…

ゴシャッ

き…
決《き》まりだ
デスノート
本物《ほんもの》だ!!
DEATH NOTE
DEATH NOTE
タク!!
ドド
ババ
お…俺《おれ》知《し》らねーっ
バ…バカヤロウ 急《きゅう》に飛《と》び出《だ》しやがっ… ひっ…ひええっ!!
キャー
………
えっ 事故《じこ》!?
ハァ
ハァ
うっ…

ふ…二人《ふたり》
殺《ころ》した…
人《ひと》を…
二人《ふたり》殺《ころ》した……
僕《ぼく》が…
どうする…
こ…こんな恐《おそ》ろしいノート…
……
いや…

殺《ころ》したって構《かま》わない奴《やつ》じゃないか…
………
しかし二人目《ふたりめ》はどうだ?…………
死刑《しけい》になるほどの悪人《あくにん》じゃないぞ…
……
ちがう…
いつも思《おも》ってた事《こと》じゃないか
世《よ》の中《なか》腐《くさ》ってる
腐《くさ》ってる奴《やつ》は死《し》んだ方《ほう》がいい
で…
できるんだこのノートがあれば…
………
も…問題《もんだい》は…

精神力《せいしんりょく》・・・
たった二人《ふたり》だけでこれだ・・・
当《あ》たり前《まえ》だ命《いのち》だ・・・軽《かる》いはずがない
耐《た》えられるか?
やめるか
・・・・・・・・
いいややめちゃ駄目《だめ》だ・・・精神《せいしん》や命《いのち》を犠牲《ぎせい》にしてでも
誰《だれ》かがやらなくてはいけないんだ!!
このままじゃいけないんだ

たとえば このノートを 誰《だれ》かに渡《わた》して できる奴《やつ》がいるか?
そんな凄《すご》い奴《やつ》 いるわけない…
………
そうとも…
僕《ぼく》にならできる ………
いや…
僕《ぼく》にしか できないんだ
やろう!!
デスノートで
世《よ》の中《なか》を 変《か》えてやる

なるほどね
さすがに 夜《よる》はうなされて眠《ねむ》れないし この五日《いつか》で4キロ痩《や》せたよ
それでも まずは地球《ちきゅう》の 掃除《そうじ》と思《おも》い
凶悪犯《きょうあくはん》の 名前《なまえ》を 書《か》き続《つづ》けた…
そうなると今《いま》の 世《よ》の中《なか》は便利《べんり》だ
24時間《じかん》 世界《せかい》の ニュースを流《なが》す テレビ
どんな情報《じょうほう》も すぐ手《て》に入《はい》る インターネット
DEATH NOTE
しかし なんで ダンプにはねられた 奴《やつ》しか死因《しいん》を 書《か》いてないんだ？
面倒《めんどう》だからか
？
死因《しいん》を書《か》かなければ 皆《みな》 心臓麻痺《しんぞうまひ》で死《し》ぬ
そこが デスノートの 一番《いちばん》いい所《ところ》だよ リューク
？

すでに主《おも》だった凶悪犯罪者《きょうあくはんざいしゃ》の名前《なまえ》は書《か》き尽《つ》くし徐々《じょじょ》に悪人《あくにん》のレベルも下《さ》げてる
それが皆《みな》心臓麻痺《しんぞうまひ》で死《し》んでいくんだ!
どんな馬鹿《ばか》でも「悪人《あくにん》が誰《だれ》かに消《け》されている」って事《こと》に気付《きづ》く
キィ…
世《よ》の中《なか》に知《し》らしめるんだ僕《ぼく》の存在《そんざい》を
正義《せいぎ》の裁《さば》きをくだす者《もの》がいるって事《こと》を!!
誰《だれ》も悪《わる》い事《こと》ができなくなる
確実《かくじつ》に世界《せかい》は良《い》い方向《ほうこう》に進《すす》んでいく
そして罪《つみ》を受《う》けて当然《とうぜん》な悪人《あくにん》が心臓麻痺《しんぞうまひ》で死《し》んでいく裏《うら》で
道徳《どうとく》のない人間《にんげん》人《ひと》に迷惑《めいわく》をかける人間《にんげん》を病死《びょうし》や事故死《じこし》で少《すこ》しずつ消《け》していく

それすらもいつか
愚民《ぐみん》は気《き》づく
だろう
「こんな事《こと》を
していれば
消《け》される」と…
そして
僕《ぼく》が認《みと》めた
真面目《まじめ》で心《こころ》の優《やさ》しい
人間《にんげん》だけの世界《せかい》を
つくる
クク…
そんな事《こと》したら
性格悪《せいかくわる》いの
おまえだけになるぞ
…………
何《なに》を言《い》ってるんだ？
リューク
僕《ぼく》は日本一《にほんいち》と
言《い》ってもいいくらいの
真面目《まじめ》な優等生《ゆうとうせい》だよ
そして
僕《ぼく》は

新《しん》世《せ》界《かい》の神《かみ》となる
ニヤ…
やっぱり
人《にん》間《げん》って…
面《おも》白《しろ》!!…

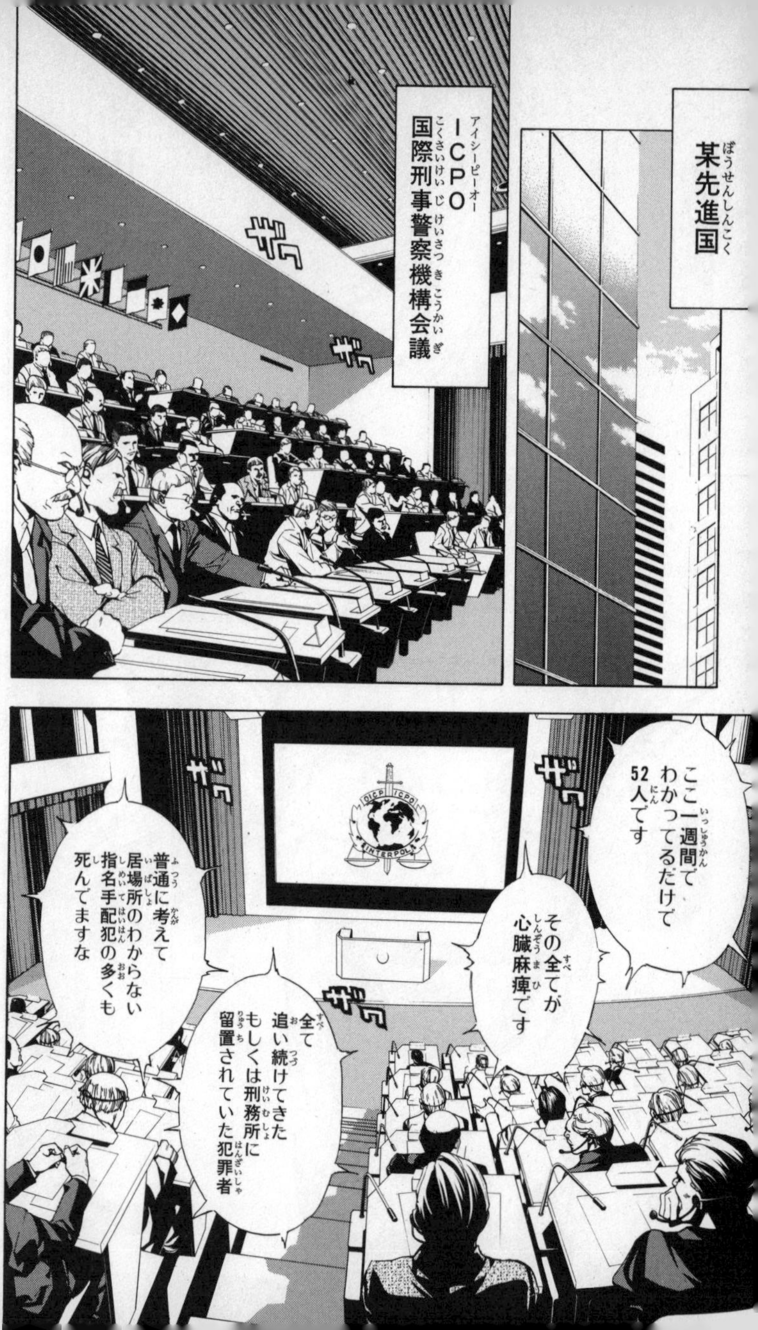
某先進国《ぼうせんしんこく》
ICPO《アイシーピーオー》
国際刑事警察機構会議《こくさいけいじけいさつきこうかいぎ》
ザワ
ザワ
ザワ
ここ一週間《いっしゅうかん》で わかってるだけで 52人《にん》です
その全《すべ》てが 心臓麻痺《しんぞうまひ》です
ザワ
全《すべ》て 追《お》い続《つづ》けてきた もしくは刑務所《けいむしょ》に 留置《りゅうち》されていた犯罪者《はんざいしゃ》
普通《ふつう》に考《かんが》えて 居場所《いばしょ》のわからない 指名手配犯《しめいてはいはん》の多《おお》くも 死《し》んでますな

そう考《かんが》えると軽《かる》く100人《にん》以上《いじょう》……
ザワ
ザワ
……
……
そうか…ICPO《アイシーピーオー》もやっと重《おも》い腰《こし》を上《あ》げたか
この事件《じけん》いくら私《わたし》でも警察《けいさつ》の手《て》を借《か》りないわけにはいくまい

DEATH NOTE

HOW to USE IT

I

- The human whose name is written in this note shall die.

  このノートに名前《なまえ》を書《か》かれた人間《にんげん》は死《し》ぬ。

- This note will not take effect unless the writer has the person's face in their mind when writing his/her name. Therefore, people sharing the same name will not be affected.

  書《か》く人物《じんぶつ》の顔《かお》が頭《あたま》に入《はい》っていないと効果《こうか》はない。
  ゆえに同姓同名《どうせいどうめい》の人物《じんぶつ》に一遍《いっぺん》に効果《こうか》は得《え》られない。

- If the cause of death is written within 40 seconds of writing the person's name, it will happen.

  名前《なまえ》の後《あと》に人間界単位《にんげんかいたんい》で40秒以内《びょういない》に死因《しいん》を書《か》くと、その通《とお》りになる。

- If the cause of death is not specified, the person will simply die of a heart attack.

  死因《しいん》を書《か》かなければ全《すべ》てが心臓麻痺《しんぞうまひ》となる。

- After writing the cause of death, details of the death should be written in the next 6 minutes and 40 seconds.

  死因《しいん》を書《か》くと更《さら》に6分《ぶん》40秒《びょう》、詳《くわ》しい死《し》の状況《じょうきょう》を記載《きさい》する時間《じかん》が与《あた》えられる。

page. 2 L《エル》

DEAtH
そこに名前《なまえ》を書《か》かれた者《もの》は死《し》んでしまうデスノート
それを武器《ぶき》に世《よ》の中《なか》の悪《あく》を一掃《いっそう》すると決心《けっしん》した少年《しょうねん》夜神《やがみ》月《ライト》
そして それをただ傍観《ぼうかん》している様《よう》なデスノートの提供者《ていきょうしゃ》死神《しにがみ》リューク

それにしても 一生懸命《いっしょうけんめい》だな
ん
時間《じかん》を 無駄《むだ》には できないよ リューク
ノートに名前《なまえ》を 書《か》ける時間《じかん》は限《かぎ》られている 学校《がっこう》から帰《かえ》ってきてから 寝《ね》るまでくらいだ
学校《がっこう》の成績《せいせき》も 今《いま》まで通《どお》りトップで いる事《こと》も大切《たいせつ》だ
授業中《じゅぎょうちゅう》に 居眠《いねむ》りもできないし 家《いえ》や塾《じゅく》での勉強《べんきょう》もしっかり やっておかないとね
そして 睡眠不足《すいみんぶそく》も敵《てき》だ 健康《けんこう》や思考力《しこうりょく》を そこなう
何《なに》しろ世《よ》の中《なか》を 悪《あく》のない理想《りそう》の世界《せかい》に 変《か》えるんだ 時間《じかん》は いくらあっても 足《た》りない

page. 2 L《エル》

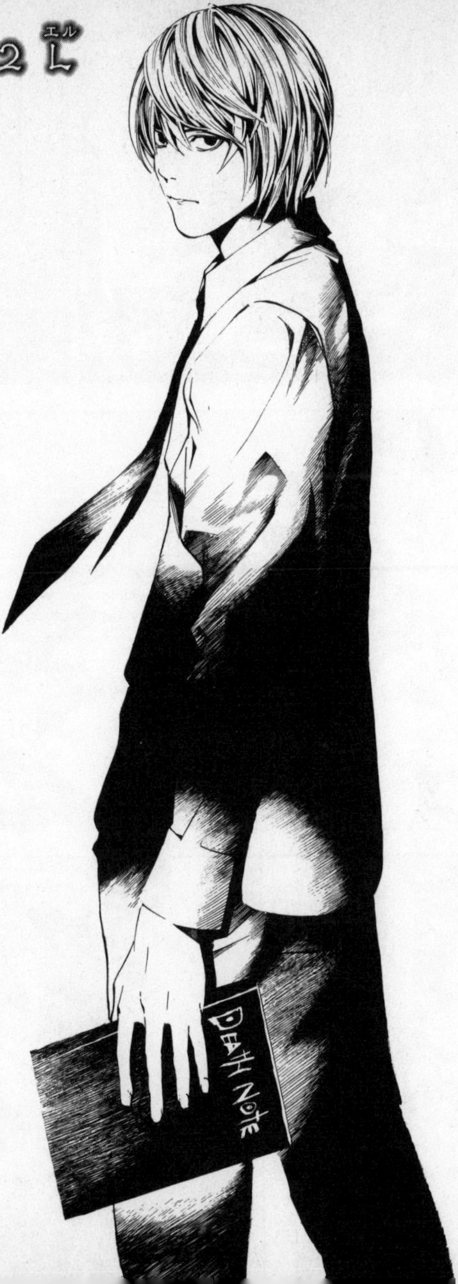

某先進国《ぼうせんしんこく》
ICPO《アイシーピーオー》 国際刑事警察機構会議《こくさいけいじけいさつきこうかいぎ》
この一週間《いっしゅうかん》でわかってるだけで52人《にん》
その全《すべ》てが心臓麻痺《しんぞうまひ》
全《すべ》て追《お》い続《つづ》けてきたもしくは刑務所《けいむしょ》に留置《りゅうち》されていた犯罪者《はんざいしゃ》です
普通《ふつう》に考《かんが》えて居場所《いばしょ》のわからない指名手配犯《しめいてはいはん》の多《おお》くも死《し》んでますな
そう考《かんが》えると軽《かる》く100人《にん》以上《いじょう》……
しかし いずれも何度《なんど》死刑《しけい》になっても余《あま》るくらいの犯罪者《はんざいしゃ》だ別《べつ》に構《かま》わないのでは
どこの国《くに》の代表《だいひょう》だそういう無責任《むせきにん》な事《こと》を言《い》うのは!?
そうだ大犯罪者《だいはんざいしゃ》だろうと死刑囚《しけいしゅう》だろうと殺《ころ》せば殺人《さつじん》だ!!

殺人《さつじん》と決《き》まった訳《わけ》ではないでしょう?
100人《にん》以上《いじょう》が心臓麻痺《しんぞうまひ》なんて偶然《ぐうぜん》があるか! 殺人《さつじん》に決《き》まってる
そんな広範囲《こうはんい》で同時《どうじ》と言《い》ってもいい殺人《さつじん》ができますかね!!
我々《われわれ》は大組織《だいそしき》による緻密《ちみつ》な計画殺人《けいかくさつじん》と見《み》てます
そんな「大組織《だいそしき》」などと言《い》ったらFBI《エフビーアイ》やCIA《シーアイエー》が絡《から》んでいるとしか思《おも》えませんな
ザワ ザワ
ザワ ザワ
なんだと!
まあまあ
OIPC ICPO
INTERPOL
冗談《じょうだん》は慎《つつし》んでください…
ザワ ザワ
ザワ ザワ
……
……

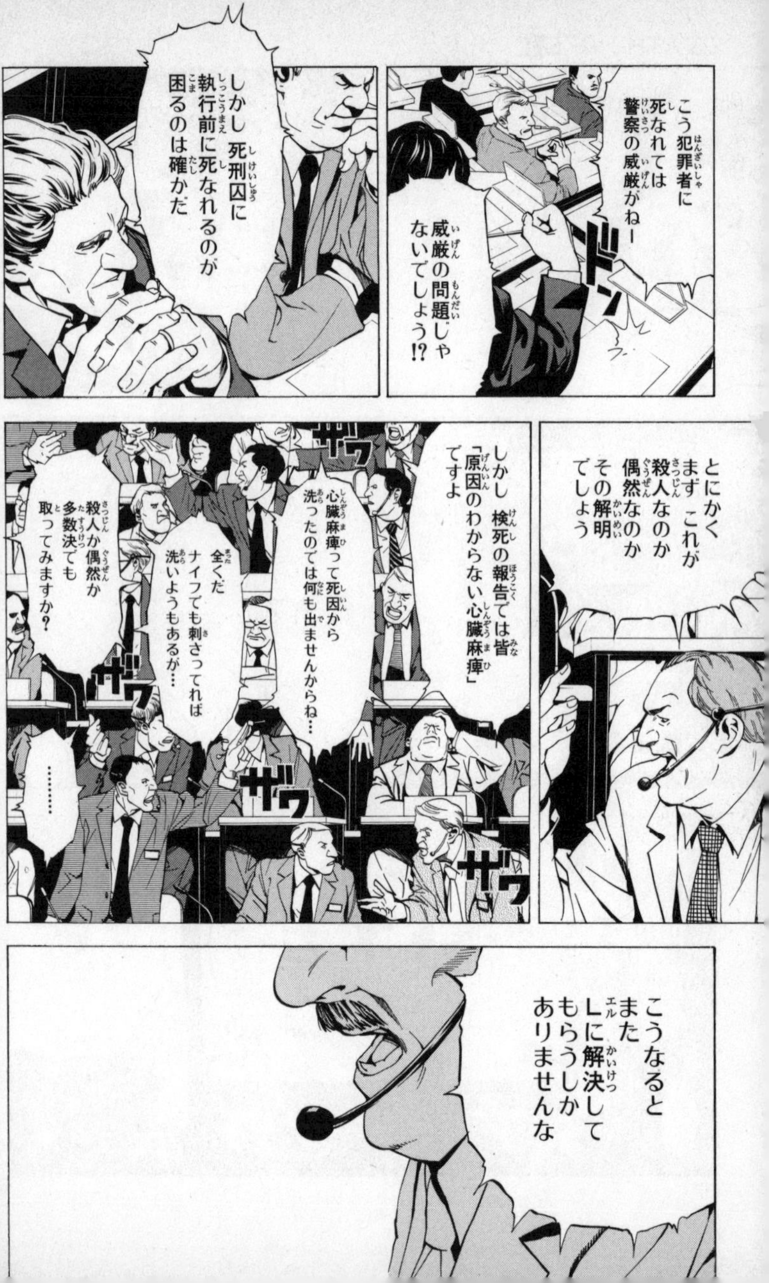

こう犯罪者《はんざいしゃ》に死《し》なれては警察《けいさつ》の威厳《いげん》がねー
ドンッ
威厳《いげん》の問題《もんだい》じゃないでしょう!?
しかし 死刑囚《しけいしゅう》に執行前《しっこうまえ》に死《し》なれるのが困《こま》るのは確《たし》かだ
とにかく まず これが殺人《さつじん》なのか偶然《ぐうぜん》なのかその解明《かいめい》でしょう
しかし 検死《けんし》の報告《ほうこく》では皆《みな》「原因《げんいん》のわからない心臓麻痺《しんぞうまひ》」ですよ
ザワ
心臓麻痺《しんぞうまひ》って死因《しいん》から洗《あら》ったのでは何《なに》も出《で》ませんからね…
全《まった》くだ ナイフでも刺《さ》さってれば洗《あら》いようもあるが…
殺人《さつじん》か偶然《ぐうぜん》か多数決《たすうけつ》でも取《と》ってみますか?
ザワ
……
ザワ
ザワ
こうなるとまたL《エル》に解決《かいけつ》してもらうしかありませんな

な…なんです
「L《エル》」って 局長《きょくちょう》
ああ
君《きみ》はこの会議《かいぎ》
初《はじ》めてだったな
L《エル》というのは
名前《なまえ》も居場所《いばしょ》も
顔《かお》すら誰《だれ》も知《し》らない…
しかし
どんな事件《じけん》でも
必《かなら》ず解決《かいけつ》してしまう
一応《いちおう》 探偵《たんてい》と言《い》えばいいのか…
いや――
と とにかく その正体《しょうたい》は
わからないのだが…
世界《せかい》の迷宮《めいきゅう》入《い》りの事件《じけん》を解《と》いてきた
この世界《せかい》の影《かげ》のトップ…最後《さいご》の切《き》り札《ふだ》…
そんなところだ…
ザワ
ザワ
しかしL《エル》は
自分《じぶん》が興味《きょうみ》を持《も》った
事件《じけん》しか動《うご》かない
わがままな人物《じんぶつ》と
いうじゃないか
そうそう
それに 我々《こっち》からは
コンタクトも取《と》れない！
L《エル》はもう
動《うご》いています

OIPC ICPO
L《エル》は とっくに この事件《じけん》の 捜査《そうさ》を始《はじ》めています
ワタリ…
え? わ…ワタリ…? 日本代表《にほんだいひょう》が他《ほか》にも?
いや L《エル》とコンタクトを取《と》れる ただ一人《ひとり》の男《おとこ》だ もっとも ワタリの正体《しょうたい》も 誰《だれ》も知《し》らない
コツ
コツ
お静《しず》かに願《ねが》います L《エル》の声《こえ》を今《いま》 お聞《き》かせ致《いた》します
カチャ
ガタッ

ICPO《アイシーピーオー》の皆様《みなさま》 L《エル》です
この事件《じけん》はかつてない大規模《だいきぼ》で難《むずか》しい そして…
PowerBook G4
絶対《ぜったい》に許《ゆる》してはならない凶悪《きょうあく》な大量殺人《たいりょうさつじん》事件《じけん》です!!
この事件《じけん》を解決《かいけつ》する為《ため》に是非《ぜひ》 全世界《ぜんせかい》
ICPO《アイシーピーオー》の皆《みな》さんが私《わたし》に全面協力《ぜんめんきょうりょく》してくださる事《こと》をこの会議《かいぎ》で決議《けつぎ》して頂《いただ》きたい
PowerBook G4
ザワ
……
……
ザワ
……

もう ニュースから 目《め》が離《はな》せないね
うん うん
すごいよな 悪人《あくにん》がバンバン 死《し》んでいくって
ちょっと 怖《こわ》いけど 爽快《そうかい》な気《き》も するな 俺《おれ》
はは
しかし こうなると 悪《わる》い事《こと》できないね
そ そうなんだよな 俺《おれ》 小学生《しょうがくせい》の時《とき》 万引《まんび》きしたから もうビビリまくり
ははは ちいせ〜っ
やっぱ 警察《けいさつ》が やってるのかな?
警察《けいさつ》にそんな 力《ちから》ないだろ? スーパーマンみたいなのが いっぱい集《あつ》まった ヒーロー戦隊《せんたい》だな
あははは!

じゃまた明日《あした》
おーっ
悪《わる》い事《こと》しないようになー
気《き》持《も》ちよさそうだなライト
そうでもないよリューク
カチャ
ただいま
おかえり―
ノートは家《いえ》に置《お》きっぱなしだからね
パタン
カチッ
ガラッ

DEATH
こいつを見《み》るまで学校《がっこう》に行《い》ってたりする間《あいだ》はずっと落《お》ち着《つ》かない
ピ
ABCN
カチャ カチャ
カチャ！
見《み》てみろよリューク
ん？
もう こんなホームページまでできてるんだ

ァイル(F) 編集(E) 表示(V) ジャンプ(G) Communicator(C) ヘルプ(H)
戻る 次 再読み込み ホーム 検索 ガイド セキュリティ Shop 停止
ブックマーク 場所
関連サイト
救世主キラ伝説
今 世界の犯罪者が次々と
消えているのは
キラ様が復活なされたからです
キラ様とは世の悪を絶対に許さない
地獄よりの使者です
キラ様の復活を信じる者のみ
この入口からお入り下さい
ENTER
スタート
受信ボックス
キラ…
Killer《キラー》(殺《ころ》し屋《や》)から来《き》てるらしいのが
少《すこ》し気《き》に入《い》らないが 僕《ぼく》はもう
世界的《せかいてき》に「キラ」になってる
もう「キラ」で
検索《けんさく》するだけで
この手《て》のページが
ごまんとある
まだ新聞《しんぶん》やテレビの報道《ほうどう》では
「凶悪犯罪者《きょうあくはんざいしゃ》の相次《あいつ》ぐ変死《へんし》」
くらいにしか公表《こうひょう》されてない
しかし 世界中《せかいじゅう》の人間《にんげん》が
もう感《かん》じているんだ
正義《せいぎ》の裁《さば》きをする者《もの》の存在《そんざい》を

人間《にんげん》ていうのは こんな生《い》き物《もの》なんだ リューク
？
例《たと》えば学校《がっこう》の ホームルームで
「悪《わる》い人《ひと》を殺《ころ》していいか？」 なんて議題《ぎだい》が あがるわけがない
しかし もし それが議題《ぎだい》に なったとしたら
皆《みな》が良《い》い子《こ》ぶり 「それはいけない事《こと》です」って 言《い》うに決《き》まってる
もちろん そう答《こた》えるのが 正《ただ》しいし
人間《にんげん》は公共《こうきょう》の 場《ば》などでは 表面上《ひょうめんじょう》は そうでなければ いけない
しかし 本音《ほんね》は こっちだ
ENTER
怖《こわ》がり 表《おもて》だって僕《ぼく》の存在《そんざい》を 認《みと》めようとはしないが
誰《だれ》が書《か》いたかもわからない インターネット上《じょう》ではもう 「キラ」が蔓延《まんえん》している
セキュリティ
Shop
停止
主キラ伝説

口《くち》に出《だ》さないだけで
もう皆《みんな》わかってるんだ
悪《わる》い奴《やつ》が誰《だれ》かに消《け》されて
いると
そして自分《じぶん》に非《ひ》のない者《もの》は
心《こころ》の中《なか》で
「キラ頑張《がんば》れ」と叫《さけ》び
非《ひ》のある者《もの》は
自分《じぶん》に天罰《てんばつ》が及《およ》ぶ事《こと》に
怯《おび》える
ふっ…
これで
いいんだ
まさしく
計画通《けいかくどお》りに
事《こと》は進《すす》んでいる…
ガー…
ん?
ザッ...
番組《ばんぐみ》の途中《とちゅう》ですが
ICPO《インターポール》からの
全世界同時特別生中継《ぜんせかいどうじとくべつなまちゅうけい》を
行《おこな》います
日本語同時通訳《にほんごどうじつうやく》は
ヨシオ・アンダーソン
LIND.L.TAILOR
G-CODE

私《わたし》は全世界《ぜんせかい》の警察《けいさつ》を動《うご》かせる唯一《ゆいいつ》の人間《にんげん》リンド・L《エル》・テイラー通称《つうしょう》「L《エル》」です
LIND.L.TAILOR
な…なんだこいつ!?
凶悪犯連続殺人特別捜査本部
ついに始《はじ》まったな
ほー……これがL《エル》か……
し…しかし今《いま》まで顔《かお》出《だ》さなかったんですよね？なんで……
この事件《じけん》はL《エル》も本気《ほんき》って事《こと》か…
さーL《エル》こっちは言《い》われた通《とお》りやってるんだ
ICPO《アイシーピーオー》会議《かいぎ》で言《い》った事《こと》を証明《しょうめい》してもらおう……

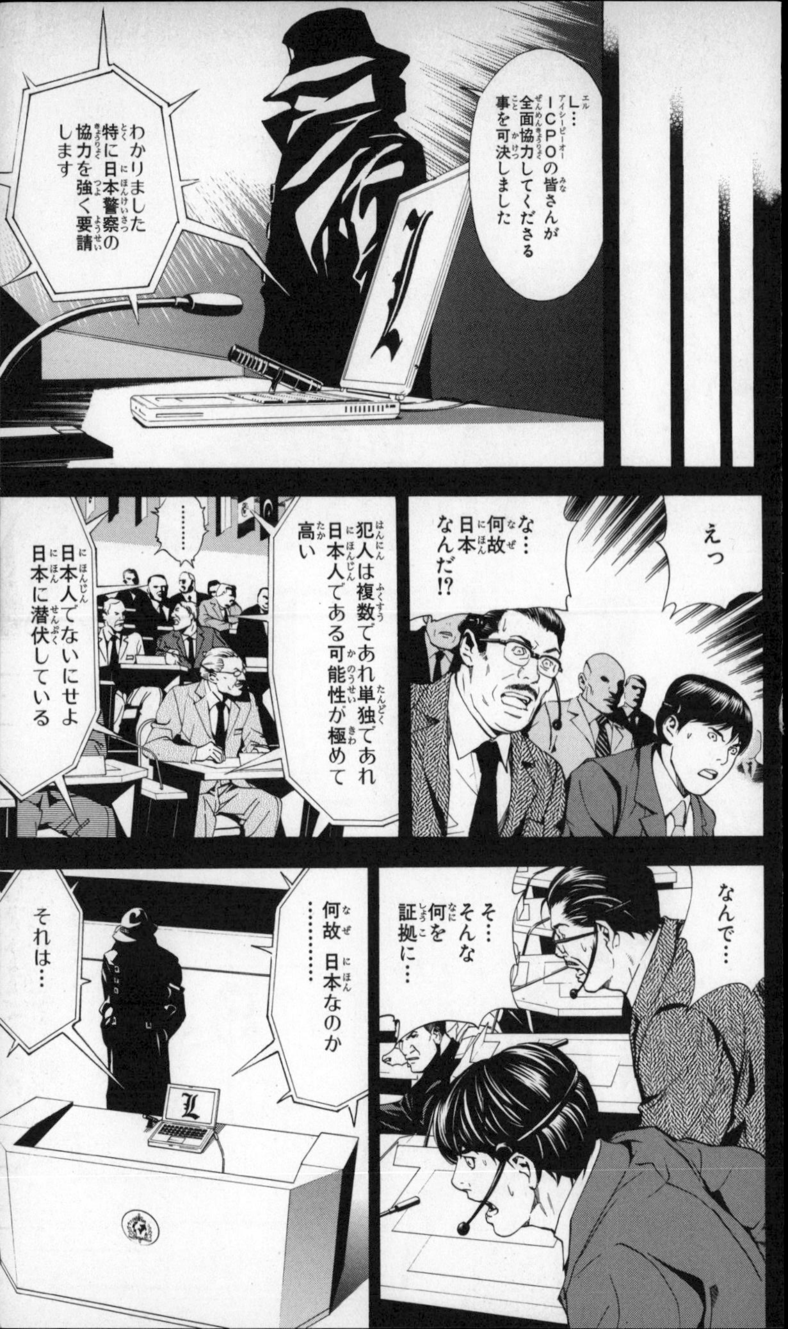
L《エル》…ICPO《アイシーピーオー》の皆《みな》さんが全面協力《ぜんめんきょうりょく》してくださる事《こと》を可決《かけつ》しました
わかりました 特《とく》に日本警察《にほんけいさつ》の協力《きょうりょく》を強《つよ》く要請《ようせい》します
えっ
な…何故《なぜ》日本《にほん》なんだ!?
犯人《はんにん》は複数《ふくすう》であれ単独《たんどく》であれ日本人《にほんじん》である可能性《かのうせい》が極《きわ》めて高《たか》い
……
日本人《にほんじん》でないにせよ日本《にほん》に潜伏《せんぷく》している
なんで…
そ…そんな何《なに》を証拠《しょうこ》に…
何故《なぜ》 日本《にほん》なのか……
それは…

近々《ちかぢか》犯人《はんにん》との
直接対決《ちょくせつたいけつ》で
お見《み》せできると
思《おも》います
とにかく
捜査本部《そうさほんぶ》は
日本《にほん》に置《お》いて
頂《いただ》きたい
日本《ジャパン》!?
日本《ジャパン》に
……
ザワ
ザワ
あの時《とき》
言《い》っていた
直接対決《ちょくせつたいけつ》が
始《はじ》まってるって
事《こと》か?
何《なに》を
する気《き》だ
?
まあ
見《み》ていよう…
相次《あいつ》ぐ犯罪者《はんざいしゃ》を狙《ねら》った
連続殺人《れんぞくさつじん》
これは
絶対《ぜったい》に許《ゆる》してはならない
史上最大《しじょうさいだい》の凶悪犯罪《きょうあくはんざい》です
LIND・L・TAILOR
よって私《わたし》は
この犯罪《はんざい》の首謀者《しゅぼうしゃ》
俗《ぞく》に言《い》われている
「キラ」を必《かなら》ず捕《つか》まえます

必《かなら》ず
捕《つか》まえるってよ
くくっ
……
ふん
馬鹿《ばか》め
捕《つか》まるわけがない
デスノートなんだよ
このノートをおさえない限《かぎ》り
証拠《しょうこ》なんて何《なに》も残《のこ》らないんだ
捕《つか》まえるなんて絶対《ぜったい》不可能《ふかのう》だ！
ふっ
警察《けいさつ》が動《うご》くのも
こんなのが出《で》てくるのも
計画《けいかく》のうちさ…
キラ
おまえが どのような考《かんが》えで
このような事《こと》をしているのか
大体《だいたい》 想像《そうぞう》はつく
しかし
おまえの
している事《こと》は…

悪《あく》だ!!
僕《ぼく》が悪《あく》だと…
………
僕《ぼく》は正義《せいぎ》だ!!
悪《あく》に怯《おび》える弱《よわ》い者《もの》を救《すく》い誰《だれ》もが理想《りそう》とする新《しん》世《せ》界《かい》の神《かみ》となる男《おとこ》だ
そして その神《かみ》に逆《さか》らう者《もの》!
それこそが悪《あく》だ!!
ばっ
間抜《まぬ》けすぎるぜ L《エル》…
もう少《すこ》し賢《かしこ》ければ面白《おもしろ》くなったかもしれないのに…
LIND.L.TAILOR

すでに全世界《ぜんせかい》の警察《けいさつ》が捜査《そうさ》を始《はじ》めている
ふふ
キラに逆《さか》らうとどうなるか全世界《ぜんせかい》が注目《ちゅうもく》しているよ
L《エル》…
あと20秒《びょう》
10秒《びょう》
……
3
2
1
0《ゼロ》!!
LIND.L.TAILOR
ははは

し…信《しん》じられない…
!?
LIND・L・TAILOR
もしやと思《おも》って試《ため》してみたがまさか こんな事《こと》が…
キラ…おまえは直接《ちょくせつ》 手《て》をくださずに人《ひと》を殺《ころ》せるのか…
LIND・L・TAILOR
何《なに》っ!?
や…やはりそうだったのか…この目《め》で見《み》るまでは信《しん》じられなかったが………
しかしおまえのやってきた事《こと》はそのくらいでないとできない…
よく聞《き》け キラもし今《いま》 おまえがテレビに映《うつ》っていたリンド・L《エル》・テイラーを殺《ころ》したのならそれは今日《きょう》この時間《じかん》に死刑《しけい》になる予定《よてい》だった男《おとこ》だ
私《わたし》ではない
!
テレビやネットでは報道《ほうどう》されてない警察《けいさつ》が極秘《ごくひ》に捕《つか》まえた犯罪者《はんざいしゃ》ださすがのおまえも こんな犯罪者《はんざいしゃ》の情報《じょうほう》は手《て》に入《い》れてないようだな…
くくっやられたな

だがL《エル》という私《わたし》は実在《じつざい》する
パッ
さあ！私《わたし》を殺《ころ》してみろ!!
こ…こいつ…
な…なんだ これはすごい事《こと》になってるぞ
さあ早《はや》くやってみろ
死《し》ぬ気《き》か L《エル》

ALTAVISON
MITSUBISHI
さあ
早《はや》く！
殺《ころ》してみろ
どうした
できない
のか
なに
これ？
キラ対《たいエル》L
だよ
キラって
本当《ほんとう》に
いたのか？
えっ？
「L《エル》」って？
「キラ」は知《し》ってる
けど
殺《ころ》しの
中継《ちゅうけい》だってよ
！
こわ〜い
ALTA
どうやら 私《わたし》は
殺《ころ》せないようだな
……
ふー…
きっと今《いま》
一番《いちばん》ほっとしてるのは
L《エル》自身《じしん》だ くくっ
殺《ころ》せない人間《にんげん》もいる
いいヒントをもらった
お返《かえ》しといっては何《なん》だが
もうひとつ いい事《こと》を
教《おし》えてやろう
!?

この中継《ちゅうけい》は全世界《ぜんせかい》同時《どうじ》中継《ちゅうけい》と銘打《めいう》ったが
日本《にほん》の関東地区《かんとうちく》にしか放送《ほうそう》されてない
……!
時間差《じかんさ》で各地区《かくちく》に流《なが》す予定《よてい》だったがもう その必要《ひつよう》もなくなった
おまえは今《いま》日本《にほん》の関東《かんとう》に居《い》る
くくっ やるな L《エル》のやつ
小《ちい》さな事件《じけん》で警察《けいさつ》は見逃《みのが》していたがこの一連《いちれん》の事件《じけん》の最初《さいしょ》の犠牲者《ぎせいしゃ》は新宿《しんじゅく》の通《とお》り魔《ま》だ

大犯罪者《だいはんざいしゃ》が心臓麻痺《しんぞうまひ》で
死《し》んでいく中《なか》で この通《とお》り魔《ま》の罪《つみ》は
目立《めだ》って軽《かる》い
しかも この事件《じけん》は
日本《にほん》でしか報道《ほうどう》されて
いなかった…
これだけで十分推理《じゅうぶんすいり》できた
キラ おまえが日本《にほん》に居《い》る事《こと》!!
そして この犠牲者第《ぎせいしゃだい》1号《ごう》は
おまえの殺《ころ》しの実験台《モルモット》
だったという事《こと》が!!
人口《じんこう》の集中《しゅうちゅう》する
関東《かんとう》に最初《さいしょ》に中継《ちゅうけい》し
そこに おまえが居《い》たのは
ラッキーだった
ここまで自分《じぶん》の
思惑通《おもわくどお》りいくとは
正直《しょうじき》 思《おも》っていなかったが
……
キラ
おまえを
死刑台《しけいだい》に送《おく》るのも
そう遠《とお》くないかも
しれない
やっぱり
さすがですね
L《エル》って…
う…うむ
キラの存在《そんざい》…殺人《さつじん》…
そして日本《にほん》に居《い》る事《こと》を
証明《しょうめい》した…

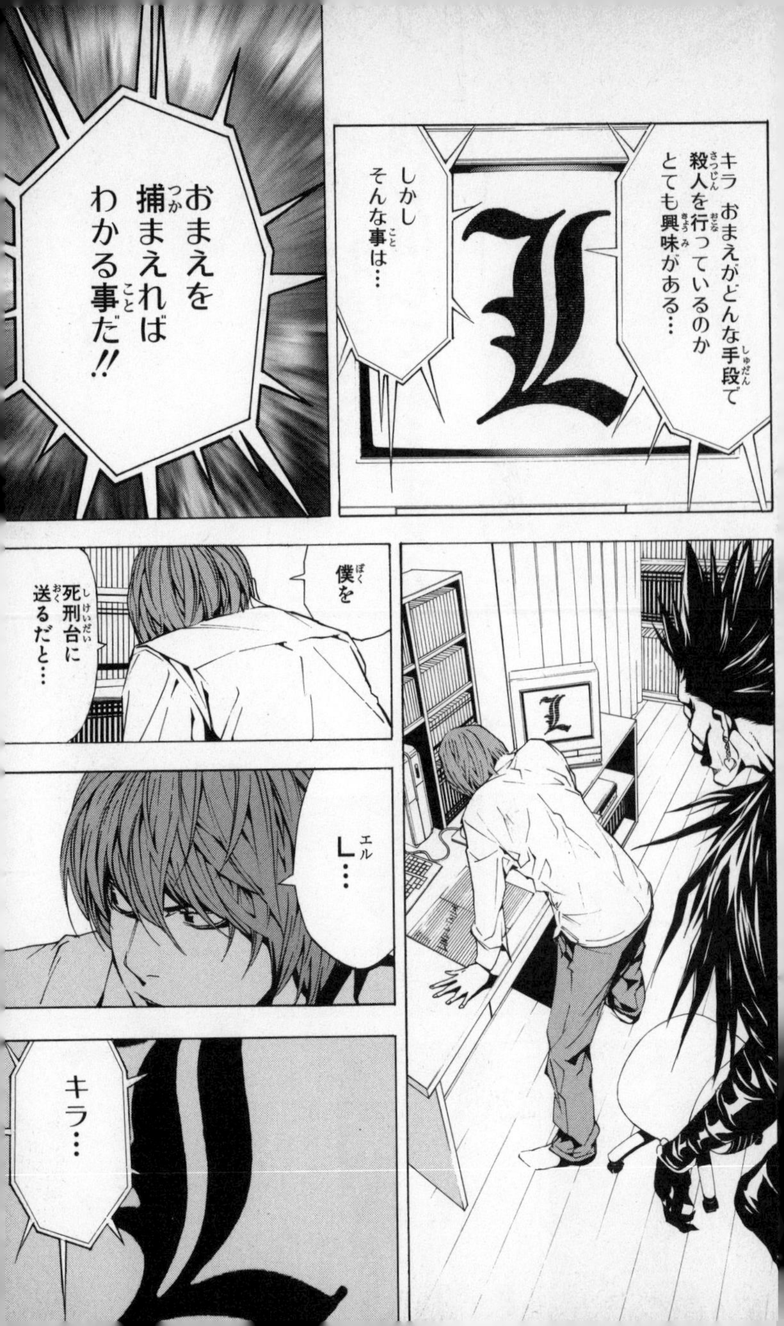
キラ おまえがどんな手段《しゅだん》で殺人《さつじん》を行《おこな》っているのかとても興味《きょうみ》がある…
しかし そんな事《こと》は…
おまえを捕《つか》まえればわかる事《こと》だ!!
僕《ぼく》を
死刑台《しけいだい》に送《おく》るだと…
L《エル》…
キラ…

必《かなら》ず おまえを 捜《さが》し出《だ》して始末《しまつ》する!!
僕《ぼく》が
私《わたし》が
正義《せいぎ》だ!!
また会《あ》おう キラ
プッ…
ザー…

お互《たが》いに顔《かお》も名前《なまえ》も全《すべ》てがわからない相手《あいて》を見《み》つけ出《だ》す
そして見《み》つかった方《ほう》が死《アウト》…
やっぱり人間《にんげん》て
面白《おもしれ》ーっ
僕《ぼく》が勝《か》つ
くくく この勝負《しょうぶ》見届《みとど》けさせてもらうぜ

DEATH NOTE

How to use it

II

- This note shall become the property of the human world, once it touches the ground of (arrives in) the human world.

  このノートは人間界《にんげんかい》の地《ち》に着《つ》いた時点《じてん》から人間界《にんげんかい》の物《もの》となる。

- The owner of the note can recognize the image and voice of its original owner, i.e. a god of death.

  所有者《しょゆうしゃ》はノートの元《もと》の持《も》ち主《ぬし》である死神《しにがみ》の姿《すがた》や声《こえ》を認知《にんち》する事《こと》ができる。

- The human who uses this note can neither go to Heaven nor Hell.

  このノートを使《つか》った人間《にんげん》は天国《てんごく》にも地獄《じごく》にも行《い》けない。

page. 3 家《か》族《ぞく》

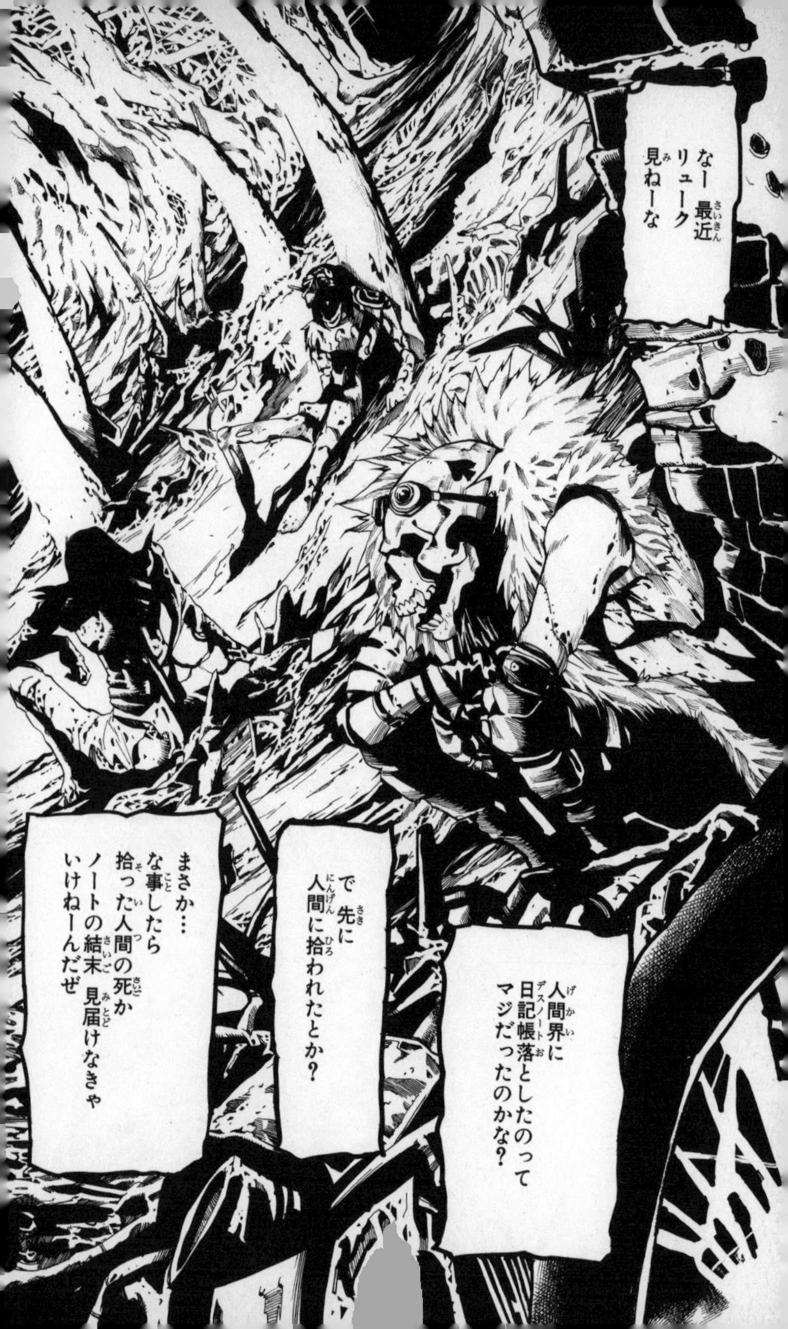
なー 最近《さいきん》
リューク
見《み》ねーな
人間界《げかい》に
日記帳《デスノート》落《お》としたのって
マジだったのかな？
で 先《さき》に
人間《にんげん》に拾《ひろ》われたとか？
まさか…
な事《こと》したら
拾った人間《そいつ》の死《さいご》か
ノートの結末《さいご》 見届《みとど》けなきゃ
いけねーんだぜ

それに あいつ 二冊《にさつ》ノート持《も》ってったって話《はなし》だぞ…
何《なん》の為《ため》に 二冊《にさつ》なんだ？……
だよな… そんな面倒《めんどう》くせー事《こと》 いくらリューク《あいつ》でも…
でも あいつのやる事《こと》 わからねーからな…

ずいぶん気《き》の抜《ぬ》けた顔《かお》だなライト…
小休《しょうきゅう》止《し》ってとこかな?
警察《けいさつ》の動《うご》きも見《み》たいしね
それにちょっとだけ疲《つか》れた

一歩《いっぽ》外《そと》に出《で》ると もうL《エル》とキラの 話《はなし》ばかり
いやでも 耳《みみ》に入《はい》ってくる…
もし自分《じぶん》がキラじゃ なかったら結構《けっこう》 楽《たの》しいんだろうけどさ
はは
パサ
「ICPO《インターポール》も 動《うご》かせる名探偵《めいたんてい》L《エル》VS《バーサス》 超能力《ちょうのうりょく》で人《ひと》を殺《ころ》せるキラ」
そうかと思《おも》えば 「L《エル》もキラも実在《じつざい》しない 犯罪者《はんざいしゃ》を抹殺《まっさつ》している 警察《けいさつ》のつくりもの」
謎深まる…L対キラ！
警察陰謀説
まだ こんな事《こと》を 書《か》いてる雑誌《ざっし》もある…
外《そと》だけじゃない TV《テレビ》やラジオを つけても そんなのばかりだ
キラ本人《ほんにん》が こんなのに振《ふ》り回《まわ》されて いても気疲《きづか》れする だけさ
バサ
たまには のんびり 精神《せいしん》を 休《やす》めないとね

「のんびり」か… 世界中《せかいじゅう》の警察《けいさつ》が動《うご》き出《だ》したのに その余裕《よゆう》… たいしたもんだ…
………
余裕《よゆう》か……
あるよ
このデスノートを拾《ひろ》った時《とき》
何故《なぜ》自《みずか》ら世《よ》の中《なか》の悪《あく》を一掃《いっそう》してやろうって決心《けっしん》できたか…
それは自分《じぶん》には警察《けいさつ》が動《うご》いても戦《たたか》えるという ひとつの自信《じしん》があったからだしね
ひとつの自信《じしん》…?

ガチャ
ガチャ
ガチャ
お兄《にい》ちゃーん 何《なん》でカギなんか 閉《し》めてんのー?
さ…粧裕《さゆ》か……
何《なに》?
宿題《しゅくだい》 教《おし》えてーっ!
ああ いいよ ちょっと待《ま》って
ガラッ
ガッ

数学《すうがく》の二次関数《にじかんすう》でーす
カチャ
はいはい
気《き》を付《つ》けろよ ライト…
!?
今《いま》 机《つくえ》の中《なか》にある デスノート 触《さわ》られたら触《さわ》った人間《にんげん》には 俺《おれ》の姿《すがた》が見《み》える
!
そういう大切《たいせつ》な事《こと》を今頃《いまごろ》… この死神《しにがみ》は…

あ こんな 大人《おとな》の雑誌《ざっし》 読《よ》んでたんだ ？
大人の実話
だからカギ閉《し》めてたの？ なんかやらしーっ
おい おい
L《エル》と キラの記事《きじ》を 見《み》てたんだよ
そうか お兄《にい》ちゃん 将来《しょうらい》 刑事《けいじ》に なるんだもんね
これも 勉強《べんきょう》かーっ 大変《たいへん》だね
ああ 警察庁《けいさつちょう》の一番偉《いちばんえら》い 人間《にんげん》になってみせるよ
なれる なれる お兄《にい》ちゃんなら なれる
…………これがライトの「自信《じしん》」なのか…？
……しかし あと何年《なんねん》かかると 思《おも》ってる… 何《なに》考《かんが》えてんだ…？

さあ早《はや》くやってみろ
さあ殺《ころ》し
どうしたできないのか
MITSUBISHI
何故《なぜ》あの時《とき》キラは私《わたし》を殺《ころ》せなかったか？
私《わたし》が犯罪者《はんざいしゃ》ではないから？…そんな訳《わけ》はない
あの状況《じょうきょう》で奴《やつ》が私《わたし》を殺《ころ》そうとしないはずもない…
だとするとやはり私《わたし》の実像《じつぞう》がはっきりしていないから…
L《エル》
なんだ？ワタリ
捜査本部《そうさほんぶ》の報告《ほうこく》が始《はじ》まります
よしつないでくれ

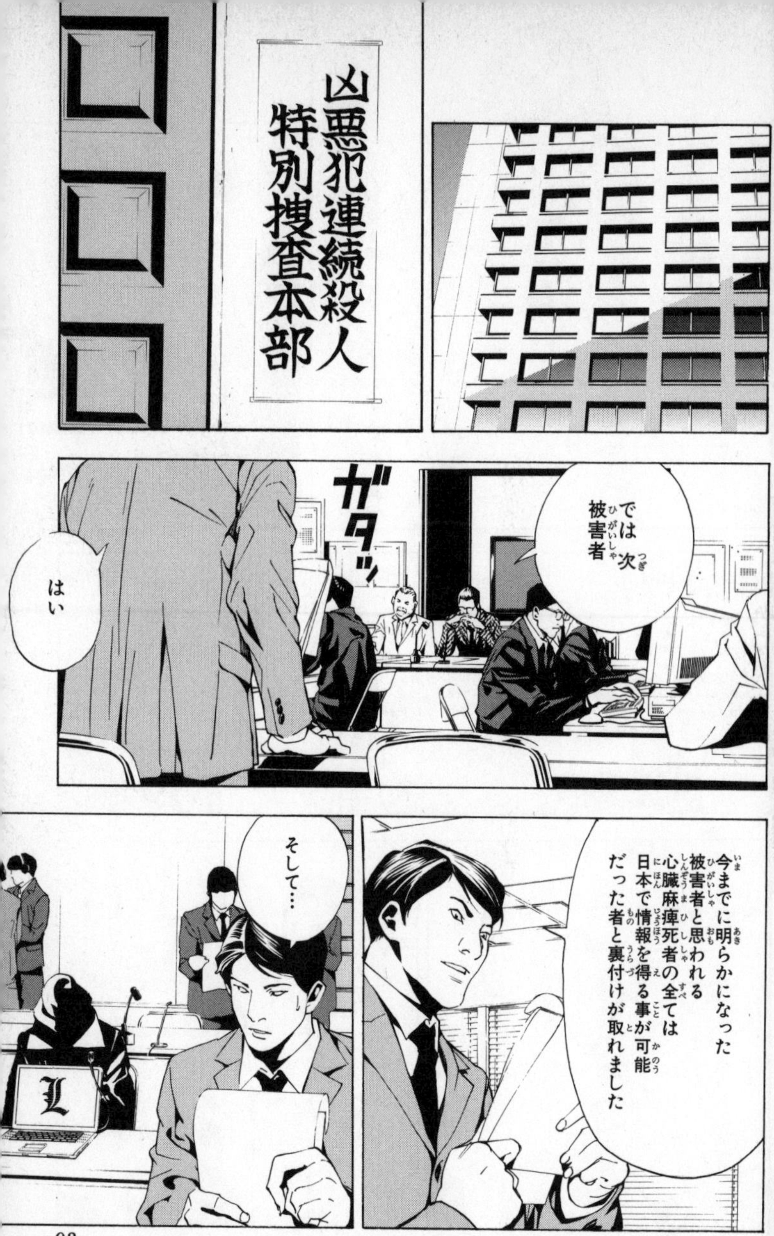
凶悪犯連続殺人
特別捜査本部
では次《つぎ》
被害者《ひがいしゃ》
ガタッ
はい
今《いま》までに明《あき》らかになった
被害者《ひがいしゃ》と思《おも》われる
心臓麻痺死者《しんぞうまひししゃ》の全《すべ》ては
日本《にほん》で情報《じょうほう》を得《え》る事《こと》が可能《かのう》
だった者《もの》と裏付《うらづ》けが取れました
そして…

L《エル》から特《とく》に調査《ちょうさ》を要望《ようぼう》されていた死亡推定時刻《しぼうすいていじこく》ですが
日本時間《にほんじかん》の平日午後《へいじつごご》4時頃《じごろ》から深夜《しんや》2時《じ》…特《とく》に午後《ごご》8時《じ》から午前《ごぜん》0時《じ》がその68%《パーセント》です
そして土《ど》・日《にち》・祝日《しゅくじつ》は午前《ごぜん》11時《じ》から深夜《しんや》までかなりのバラツキがあります
うむ
では 次《つぎ》
一般情報《いっぱんじょうほう》
はい
今日《きょう》までの電話《でんわ》などによる一般《いっぱん》からの情報《じょうほう》は3029件《けん》あり…
そのほとんどが「この前《まえ》のICPO《インターポール》の中継《ちゅうけい》は本物《ほんもの》か?」「L《エル》というのは実在《じつざい》しているのか?」などの野次馬的《やじうまてき》な物《もの》ばかりですが
「キラを知《し》っている」「キラを見《み》た」という情報《じょうほう》が14件《けん》
ひとつひとつ丁寧《ていねい》に対応《たいおう》して記録《きろく》しましたが報告書《ほうこくしょ》の通《とお》りで信憑性《しんぴょうせい》のあるものはなしと言《い》っていいと思《おも》います

他《ほか》には「自分《じぶん》がキラである」と言《い》ってきた者《もの》が21件《けん》もあります
ザワ
ザワ…
…ったく
全《すべ》ての可能性《かのうせい》を捨《す》てずその21人全員《にんぜんいん》の調書《ちょうしょ》を取《と》ってファイルしてます
……
うむ
これで一通《ひととお》りの報告《ほうこく》は聞《き》いたな…
では何《なに》か気《き》づいた事《こと》や質問《しつもん》のある者《もの》
あ はい…
なんだ? 松田《まつだ》

これはキラを肯定《こうてい》する意味《いみ》では絶対《ぜったい》ありません…が…
この数日《すうじつ》 世界的《せかいてき》に特《とく》に日本《にほん》でですが強盗《ごうとう》以上《いじょう》の凶悪犯罪《きょうあくはんざい》が激減《げきげん》しています
……
まあ当《あ》たり前《まえ》といえば当《あ》たり前《まえ》の現象《げんしょう》かもしれんな…
他《ほか》に何《なに》かある者《もの》は？
……
今日《きょう》の捜査報告《そうさほうこく》はこんなところです…L《エル》
お疲《つか》れ様《さま》です
また少《すこ》し犯人《はんにん》に近《ちか》づけた気《き》がします…

そしてまた注文《ちゅうもん》で申《もう》し訳《わけ》ないのですが
特《とく》に被害者班《ひがいしゃはん》報道班《ほうどうはん》インターネット班《はん》に
犠牲《ぎせい》になった者《もの》が日本《にほん》でどのような報道《ほうどう》のされ方《かた》をしていたかをもう一度《いちど》よく調《しら》べて頂《いただ》きたい
知《し》りたいのは犠牲《ぎせい》になった犯罪者《はんざいしゃ》の写真《しゃしん》や映像《えいぞう》が出《で》ていたかどうかです
よろしくお願《ねが》いします
では夜勤《やきん》は2組《くみ》
他《ほか》の者《もの》は捜査《そうさ》を続《つづ》けるなり今日《きょう》はあがって体《からだ》を休《やす》めるなりしてくれ 以上《いじょう》だ
ガタ
ガタ

総務省
ふー…
局長《きょくちょう》 お帰《かえ》りですか?
お? ああ 昨日《きのう》も 徹夜《てつや》だったからな
お お疲《つか》れ様《さま》です
いや
あ… あの
ん?
どうした 松田《まつだ》
「犯罪《はんざい》が減《へ》っている」という発言《はつげん》… 考《かんが》えてみれば 皆《みな》わかっている事《こと》なのに まずかったでしょうか?
何《なに》を言《い》ってるんだ どんな事《こと》でも 事実《じじつ》はどんどん発言《はつげん》しろ 人《ひと》が言《い》いにくそうな事《こと》なら 尚更《なおさら》だ
もっとも 「犯罪《はんざい》を減《へ》らした功績《こうせき》を たたえてキラを表彰《ひょうしょう》しよう」 なんて続《つづ》いたら問題発言《もんだいはつげん》に なったかも知《し》れんがな
ま…まさか あの殺人鬼《さつじんき》を 表彰《ひょうしょう》なんて…

さすが お兄《にい》ちゃん
って おまえ 自分《じぶん》で理解《りかい》 できたのか？
えっ… うん まあまあ
ピンポーン
あなた おかえりなさーい
あ お父《とう》さん 帰《かえ》ってきたみたい 今日《きょう》は早《はや》いねーっ
おい 最後《さいご》の問題《もんだい》くらい 自分《じぶん》で解《と》いて みろよ
ゴハンの 後《あと》でねーっ
ライト 粧裕《さゆ》ーっ ご飯《はん》よ 降《お》りてらっしゃーい
カチャ
はーい お父《とう》さん お帰《かえ》りなさーい
たたっ

おかえりなさい
ああただいま…

ライト 勉強《べんきょう》の方《ほう》はどうだ?
え?
まあまあ
いつも通《どお》りだよ 父《とう》さん
いつも通《どお》り 学年《がくねん》トップ 自慢《じまん》の兄《あに》です ハイ
自慢《じまん》の息子《むすこ》です ハイ

で 粧裕《さゆ》 おまえは どうなんだ？
え？
あ…あたしに 聞《き》く？
あ…あたしも い…いつも通《どお》り かな
そうか
カチャ
父《とう》さん 疲《つか》れてる みたいだね

まあ 今回《こんかい》の事件《じけん》は 難《むずか》しいからな…
まるで 雲《くも》をつかむ様《よう》な もんだ
………
ただ
一番《いちばん》お偉《えら》い人《ひと》が今日《きょう》になって 死亡推定時刻《しぼうすいていじこく》から 犯人《はんにん》は学生《がくせい》じゃないかと言《い》い出《だ》した……
お父《とう》さん 食事《しょくじ》の時《とき》に そういう話《はなし》は
まあ いいじゃないか 前《まえ》にライトの意見《いけん》で 進展《しんてん》した事件《じけん》が あった事《こと》もある
刑事局長《けいじきょくちょう》の 父親《ちちおや》…
これがライトの 自信《じしん》…！

ごちそうさま
カチャ
わっ はや
粧裕《さゆ》 宿題《しゅくだい》はもう いいね？
ジャー…
うん ありがとう
なんだ また ライトに見《み》てもらってたのか 粧裕《さゆ》は
ぎゃっ ばらしちゃダメじゃん お兄《にい》ちゃん
あ それと母《かあ》さん
部屋《へや》の掃除《そうじ》は 自分《じぶん》でするから 入《はい》らないでね
何《なに》言《い》ってるの 高校生《こうこうせい》になってからは もうずっと そうしてるでしょ
バタン
なーんか
お兄《にい》ちゃんも お年頃《としごろ》って 感《かん》じね

カチャ
しかし 日本《にほん》の 関東《かんとう》だけじゃなく 学生《がくせい》まで調《しら》べが ついてるとはな
ふーー…
調《しら》べ？
僕《ぼく》は最初《さいしょ》から そこまでは教《おし》える様《よう》に 行動《こうどう》してきたんだよ リューク
これで デスノートをもう一段階《いちだんかい》 活躍《かつやく》させられる
？
「名前《なまえ》の後《あと》に40秒《びょう》以内《いない》に 死因《しいん》を書《か》くとその通《とお》りになる」「死因《しいん》を書《か》かなければ 全《すべ》てが心臓麻痺《しんぞうまひ》となる」「死因《しいん》を書《か》くと更《さら》に6分《ぷん》40秒《びょう》 詳《くわ》しい死《し》の状況《じょうきょう》を記載《きさい》する 時間《じかん》が与《あた》えられる」 だったね リューク
つまり「心臓麻痺《しんぞうまひ》」と書《か》けば その後《あと》に死《し》の状況《じょうきょう》が 書《か》けるわけだ
また少《すこ》しリュークを 楽《たの》しませてあげられる かもね

三日後《みっかご》
凶悪犯連続殺人特別捜査本部
何《なに》っ!?
ま…また昨日《きのう》も心臓麻痺《しんぞうまひ》の犠牲者《ぎせいしゃ》が23人《にん》!?
は はい
ま… またかよ
それもまた一昨日《おととい》と同《おな》じ様《よう》に 死《し》んだとすぐわかる 刑務所内《けいむしょない》の犯罪者《はんざいしゃ》23人《にん》が…
きっかり 1時間《じかん》おきに 一人《ひとり》ずつ…
ザワ
平日《へいじつ》に二日《ふつか》も これが続《つづ》くという事《こと》は…
……
犯人《はんにん》が学生《がくせい》って 線《せん》は怪《あや》しく なってきたな…
いや 学校《がっこう》を 二日《ふつか》くらい休《やす》むなんて 誰《だれ》でも…
ザワ
そうじゃ ない!!

確か《たし》に学生《がくせい》の線《せん》は消《き》えたがキラの言《い》いたい事《こと》はそんな事《こと》ではない!!
キラの言《い》いたいのは
死《し》の時間《じかん》を自由《じゆう》に操《あやつ》れるという事《こと》…
そして!! 警察《こっち》の情報《じょうほう》を知《し》る手段《しゅだん》を持《も》っているという事《こと》だ!!…
そして これは明《あき》らかに私《わたし》への挑戦《ちょうせん》…
グッ…

くくっ…
へー
ライト おまえ
そんな事《こと》
してたのか
はは
今頃《いまごろ》
L《エル》の奴《やつ》
あせってると
思《おも》うよ
こういう時《とき》の為《ため》に
わざと残《のこ》してある犯罪者《はんざいしゃ》が
まだ50人《にん》はいる
ほー
……
パキ…
しかし
こっちにも解決《かいけつ》しなければ
いけない問題《もんだい》があるけどね
問題《もんだい》?
触《さわ》ったら
リュークの姿《すがた》が
見《み》えるんだろ?
デスノート…

それを聞《き》いたら もう 肌身離《はだみはな》さずなんだけど ………
こんなの 持《も》って歩《ある》く方《ほう》が よっぽど おっかないや…
DEATH NOTE
今《いま》までは家族《かぞく》に見《み》られても 「刑事《けいじ》になる為《ため》の勉強《べんきょう》として キラ事件《じけん》の記録《きろく》を取《と》っていた」で 済《す》むくらいに思《おも》ってたけど…
そうじゃなくたって 僕《ぼく》はギリギリの 綱渡《つなわた》りをしてるんだ…
………
下手《へた》を 打《う》てば…
キラは…
自分《じぶん》の家族《かぞく》を 殺《ころ》す事《こと》になる

DEATH NOTE

How to use it

III

- If the time of death is written within 40 seconds after writing the cause of death as a heart attack, the time of death can be manipulated, and the time can go into effect within 40 seconds after writing the name.

死因《しいん》に心臓麻痺《しんぞうまひ》と書《か》いた後《あと》、40秒以内《びょういない》に死亡時刻《しぼうじこく》を書《か》けば、
心臓麻痺《しんぞうまひ》であっても死《し》の時間《じかん》を操《あやつ》れ、その時刻《じこく》は名前《なまえ》を書《か》いてからの
40秒以内《びょういない》でも可能《かのう》である。

- The human who touches the DEATH NOTE can recognize the image and voice of its original owner, a god of death, even if the human is not the owner of the note.

デスノートに触《さわ》った人間《にんげん》には、そのノートの所有者《しょゆうしゃ》でなくとも、
元持《もとも》ち主《ぬし》の死神《しにがみ》の姿《すがた》や声《こえ》が認知《にんち》できる。

page. 4 電流《でんりゅう》

page. 4 電《でん》流《りゅう》

犠牲者《ぎせいしゃ》の死亡推定時刻《しぼうすいていじこく》から
私《わたし》は「キラは学生《がくせい》である可能性《かのうせい》が高《たか》い」と
捜査本部《そうさほんぶ》で発言《はつげん》した
すると
それを あざ笑《わら》うかの様《よう》に
キラは、その翌日《よくじつ》から二日《ふつか》に渡《わた》り
一日《いちにち》に刑務所内《けいむしょない》の犯罪者《はんざいしゃ》23人《にん》を
きつかり1時間《じかん》おきに葬《ほうむ》り
死《し》の時間《じかん》を操《あやつ》れる事《こと》を見《み》せてきた
それまでキラは
わざと学生《がくせい》の犯行《はんこう》に
見《み》せかける様《よう》に
死《し》の時間《じかん》を調整《ちょうせい》していた
……
私《わたし》は それに
ひつかかつたという事《こと》か?
……
……
……

しかし それより問題《もんだい》なのは… キラは捜査本部《そうさほんぶ》の情報《じょうほう》を得《え》る手段《しゅだん》を持《も》っている…
そっちだ
そこまで私《わたし》に教《おし》えてきた キラの本当《ほんとう》の狙《ねら》いは なんだ？
キラ《やっ》は 何《なに》をしようと している…
………
しかし
警察《けいさつ》の情報《じょうほう》が キラに漏《も》れている
この事実《じじつ》を 素通《すどお》りには できない…
ワタリ 私《わたし》だ
捜査本部室《そうさほんぶしつ》から一度《いちど》出《で》てくれ
はい L《エル》 何《なに》か？
警察《けいさつ》の目《め》の届《とど》かない所《ところ》に行《い》き FBI《エフビーアイ》長官《ちょうかん》に つないでくれ
……
凶悪犯連続殺人 特別捜査

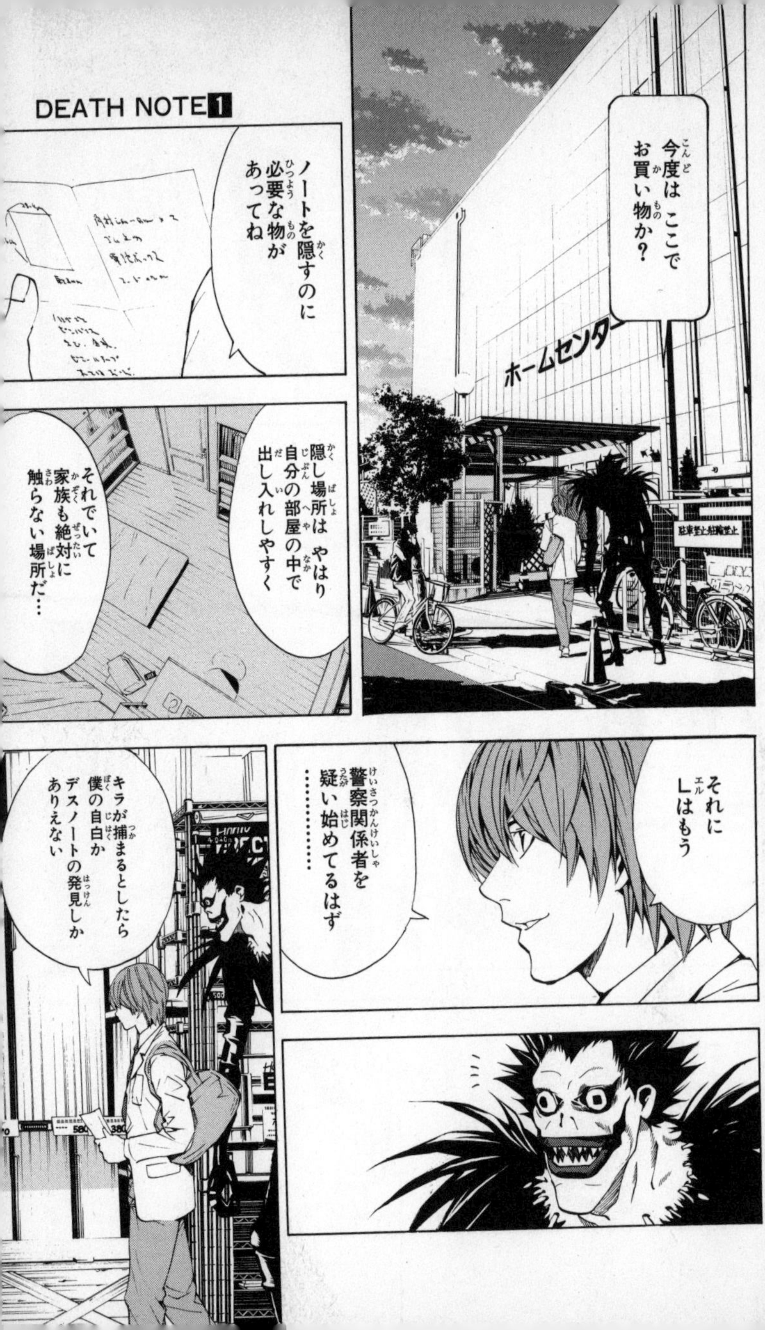
今度《こんど》は ここで お買《か》い物《もの》か？
ホームセンタ
ノートを隠《かく》すのに 必要《ひつよう》な物《もの》が あってね
隠《かく》し場所《ばしょ》は やはり 自分《じぶん》の部屋《へや》の中《なか》で 出《だ》し入《い》れしやすく
それでいて 家族《かぞく》も絶対《ぜったい》に 触《さわ》らない場所《ばしょ》だ…
それに L《エル》はもう
警察関係者《けいさつかんけいしゃ》を 疑《うたが》い始《はじ》めてるはず……
キラが捕《つか》まるとしたら 僕《ぼく》の自白《じはく》か デスノートの発見《はっけん》しか ありえない

どうせ隠《かく》すなら
たとえ家宅捜索《かたくそうさく》が
入《はい》っても
見《み》つからない場所《ばしょ》だ
ライト
ひとつ
聞《き》いていいか？
ん
刑事《けいじ》である父親《ちちおや》を
利用《りよう》して向《む》こうの
情報《じょうほう》を得《え》る
それが
警察《けいさつ》が動《うご》いても
戦《たたか》える自信《じしん》っていう
のは　わかった…
ありがとう
ございました
ああ
自分《じぶん》のパソコンから
何《なん》の痕跡《こんせき》も残《のこ》さず
父《ちち》のパソコンに
侵入《しんにゅう》する事《こと》さえ
できるよ
捜査状況《そうさじょうきょう》は
常《つね》に把握《はあく》
できるんだ
ガァッ

しかし　さっき言《い》っていた
「L《エル》が警察《けいさつ》を疑《うたが》う」様《よう》な事《こと》を
なんでわざわざ
L《エル》に見《み》せてやったんだ？
学生《がくせい》の線《せん》を消《け》すより
警察《けいさつ》に精通《せいつう》してると
思《おも》われる方《ほう》がよっぽど
不利《ふり》じゃないか？
そこを不思議《ふしぎ》に
思《おも》っただけでも
たいしたもんだよ
リューク
……
でも　やっぱりリュークは
まだ人間《にんげん》って生《い》き物《もの》を
よくわかってない
前《まえ》にも言《い》ったろ
人間《にんげん》ってのは裏表《うらおもて》のある
愚《おろ》かな生《い》き物《もの》だって…
その質問《しつもん》の
答《こた》えは…
L《エル》を捜《さが》し出《だ》し
始末《しまつ》する為《ため》だ
ノートを隠《かく》したり
してるだけじゃ
L《エル》は見《み》つけられない
からね

この人間社会《にんげんしゃかい》で本当《ほんとう》に信頼《しんらい》しあって生《い》きている人間《にんげん》なんてほんのわずかさ
それが警察《けいさつ》という枠《わく》の中《なか》でも…
ましてや警察《けいさつ》とL《エル》
信頼関係《しんらいかんけい》なんて最初《さいしょ》からないに等《ひと》しい
顔《かお》も名前《なまえ》もわからない奴《やつ》を信用《しんよう》できるか？
僕《ぼく》に捜査状況《そうさじょうきょう》が漏《も》れたと知《し》ったL《エル》は
警察内部《けいさつないぶ》から僕《ぼく》への糸口《いとぐち》をつかもうとするに決《き》まっている
そうなれば警察《けいさつ》だってL《エル》に対《たい》して黙《だま》っていないのは時間《じかん》の問題《もんだい》だ
L《エル》と警察《けいさつ》は表面上《ひょうめんじょう》は協力《きょうりょく》し合《あ》い僕《ぼく》を捕《つか》まえようとしている
いや 実際《じっさい》そうしているだろう…

しかし裏《うら》ではL《エル》は警察《けいさつ》を調《しら》べ
警察《けいさつ》はL《エル》の事《こと》を調《しら》べ出《だ》す!!
……
L《エル》を捜《さが》し出《だ》すのは
僕《ぼく》じゃない…
警察《けいさつ》がL《エル》を突《つ》き止《と》める
そして僕《ぼく》がL《エル》を消《け》す…
警察《けいさつ》に追《お》い詰《つ》められるのはキラよりL《エル》の方《ほう》が絶対《ぜったい》に早《はや》いと思《おも》うよ

凶悪犯
特別
何《なん》だ
これは!?
辞表
見《み》ての通《とお》り
辞表《じひょう》です

他《ほか》の事件《じけん》の担当《たんとう》に回《まわ》して頂《いただ》くか
それができなければ警察《けいさつ》を辞《や》めます
…………
な…何故《なぜ》だ…
何故《なぜ》って…命《いのち》が惜《お》しいからですよ
L《エル》の推理《すいり》では「キラは超能力《ちょうのうりょく》のようなもので直接《ちょくせつ》手《て》をくださず人《ひと》を殺《ころ》せる」でしたね？
私《わたし》がキラなら自分《じぶん》を捕《つか》まえようとする人間《にんげん》は殺《ころ》します
捕《つか》まれば自分《じぶん》が死刑《しけい》ですからね
…………

前《まえ》にL《エル》は テレビでキラに 「私《わたし》を殺《ころ》してみろ」と スタンドプレー まがいな事《こと》を してみせた じゃないですか
でも L《エル》は自分《じぶん》の名前《なまえ》どころか 顔《かお》すら出《だ》していない
そして この間《あいだ》 L《エル》が私達《わたしたち》に命《めい》じたのは 「犠牲《ぎせい》になった者《もの》が日本《にほん》で どう報道《ほうどう》されていたか」
「犠牲《ぎせい》になった犯罪者《はんざいしゃ》の 顔《かお》が写真《しゃしん》や映像《えいぞう》で 出《で》ていたかどうか」です
その通《とお》りでした!! 犠牲者《ぎせいしゃ》は全員《ぜんいん》 日本《にほん》の報道《ほうどう》で 顔《かお》が確認《かくにん》できた者《もの》でした!!
つまり…私達《わたしたち》は 誰《だれ》かとは違《ちが》って 警察手帳《けいさつてちょう》という写真《しゃしん》の入《はい》った 身分証明証《みぶんしょうめいしょう》を持《も》って 捜査《そうさ》してるんです
堂々《どうどう》と 顔《かお》を隠《かく》さず です

キラに
いつ殺《ころ》されても
おかしくない…
これが
部署異動《ぶしょいどう》を
希望《きぼう》する理由《りゆう》です
では 局長《きょくちょう》
よろしく
お願《ねが》いします
お…おい
君達《きみたち》…
ま 待《ま》ちたまえ…
………
バタン…
ざわ…
考《かんが》えてみれば
あいつらの
言《い》う通《とお》りかもな
……
L《エル》だけ
ここにワタリを置《お》いて
自分《じぶん》は顔《かお》も出《だ》さず
パソコン越《ご》しっていう
のもな…
そうか…やはり
キラが殺人《さつじん》を行《おこな》うには
少《すく》なくとも相手《あいて》の顔《かお》を
知《し》らなくてはならないのか…
後《あと》は…

割《わり》と簡単《かんたん》にできたな…
ん？ノートを隠《かく》せたって事《こと》か？
ああ
この引《ひ》き出《だ》しの中《なか》にね
……
そこって隠《かく》した事《こと》になるのか？…
鍵《かぎ》はつけっぱなしでもいいし…わざと目立《めだ》つ所《ところ》に置《お》いとけばいい
カチャ

ガラッ
日記
デスノートじゃなく ただの日記帳《にっきちょう》じゃ ないか
たぶん ほとんどの人間《にんげん》は この ただ毎日《まいにち》が同《おな》じ事《こと》の 繰《く》り返《かえ》しの日記《にっき》を読《よ》む事《こと》で この引《ひ》き出《だ》しの秘密《ひみつ》に 満足《まんぞく》する
?
でも 本当《ほんとう》の鍵《かぎ》は こっち
机《つくえ》の周辺《しゅうへん》のどこに 転《ころ》がっていても 不思議《ふしぎ》じゃない
ボールペンの 中《なか》の芯《しん》だ
引《ひ》き出《だ》しの裏《うら》に よく見《み》ないとわからない 小《ちい》さな穴《あな》がある
その穴《あな》に これを 入《い》れるんだ

カタ…
なるほど二重底《にじゅうぞこ》か… どうりでホームセンターって所《ところ》で板《いた》を念入《ねんい》りに選《えら》んでたはずだ
まあ 日記《にっき》のフェイクもあるし
それで見《み》つからないだろう
それだけじゃない
?
二重底《にじゅうぞこ》だと思《おも》い板《いた》の下《した》にノートがあると疑《うたが》っても こうしてノートを手《て》に取《と》る事《こと》はまずできない
わかる?
ここに電気《でんき》を通《とお》さないプラスチック製《せい》のボールペンの芯《しん》を挟《はさ》まなければ 電流《でんりゅう》が流《なが》れその瞬間《しゅんかん》 薄《うす》いビニールに入《はい》ったガソリンに火《ひ》が点《つ》く昼間《ひるま》 外《そと》でやった様《よう》にノートは一気《いっき》に燃《も》え上《あ》がる

そして中底《なかぞこ》を閉《し》めた時《とき》は このゴムが また金具《かなぐ》の間《あいだ》に 挟《はさ》まって絶縁体《ぜつえんたい》となり 電流《でんりゅう》は流《なが》れない
つまり こういう開《あ》け方《かた》を しない限《かぎ》り…
引《ひ》き出《だ》しを ひっくり返《かえ》したり 強引《ごういん》に中底《なかぞこ》を引《ひ》きあげて はずれれば その瞬間《しゅんかん》
ノートは燃《も》え 完全《かんぜん》に証拠《しょうこ》は 隠滅《いんめつ》される…
…… ……
燃《も》やした理由《りゆう》は 「本当《ほんとう》の日記《にっき》を隠《かく》していて 見《み》られたくなかったから」という 一番人間《いちばんにんげん》らしい理由《りゆう》で まあ通《とお》る 物《もの》がノートだしね
デスノートを 人間《にんげん》が持《も》った時《とき》 その隠《かく》し場所《ばしょ》に 一番困《いちばんこま》るという話《はなし》は 聞《き》いていたが
ここまで やったのも ライト たぶん おまえが 初《はじ》めてだ

それにしても危険《きけん》な細工《さいく》だな
少《すこ》し手順《てじゅん》を間違《まちが》えただけで自分《じぶん》が大火傷《おおやけど》するぞ
危険《きけん》？
また変《へん》な事《こと》を言《い》うね リュークは
僕《ぼく》は最初《さいしょ》から危険《きけん》を冒《おか》しているじゃないか
そして その全《すべ》ての危険《きけん》は逆《ぎゃく》に僕《ぼく》を安全《あんぜん》にするんだ
家《いえ》から小火《ぼや》が出《で》るのと死刑《しけい》になるのどっちがいいか さ
……………

FBI本部《エフビーアイほんぶ》
はい そうです 極秘《ごくひ》に日本警察内部《にほんけいさつないぶ》 特《とく》にキラ事件《じけん》に 関《かか》わっている者《もの》と その身辺《しんぺん》を徹底的《てっていてき》に 調《しら》べてください
……
L《エル》… そこにキラが いると？…
はい 必《かなら》ずいます!!
しかし我々《われわれ》も これで中々《なかなか》 忙《いそが》しい…
アメリカの犯罪者《はんざいしゃ》で キラに殺《ころ》されたと 思《おも》われる者《もの》は327名《めい》 全世界《ぜんせかい》でダントツです
……… わ…わかりました… やりましょう
ありがとう ございます
FBI《エフビーアイ》の 威信《いしん》をかけて できる限《かぎ》りの事《こと》を お願《ねが》いします

DEATH NOTE

HOW to USE IT

IV

- The person in possession of the DEATH NOTE is possessed by a god of death, its original owner, until they die.

  デスノートを持《も》っている限《かぎ》り、自分《じぶん》が死《し》ぬまで元持《もとも》ち主《ぬし》である死神《しにがみ》が憑《つ》いてまわる。

- If a human uses the note, a god of death usually appears in front of him/her within 39 days after he/she uses the note.

  死神《しにがみ》は通常《つうじょう》、人間《にんげん》がノートを使《つか》った39日以内《にちいない》に使《つか》った者《もの》の前《まえ》に姿《すがた》を現《あらわ》す。

- Gods of death, the original owners of the DEATH NOTE, do not do, in principle, anything which will help or prevent the deaths in the note.

  デスノートの元持《もとも》ち主《ぬし》である死神《しにがみ》は、そのノートでの死《し》の手伝《てつだ》いや妨《さまた》げになる行為《こうい》は基本的《きほんてき》にはしない。

- A god of death has no obligation to completely explain how to use the note or rules which will apply to the human who owns it.

  デスノートの使《つか》い方《かた》や、それを持《も》つ人間《にんげん》に発生《はっせい》する掟《おきて》を死神《しにがみ》が全《すべ》て説明《せつめい》する義務《ぎむ》はない。

page. 5 眼球《がんきゅう》

page. 5 眼《がん》球《きゅう》

生ゼミナール
……
チケットぴあ
ライト
ちょっといいか？
極力《きょくりょく》 外《そと》では
話《はな》しかけるなって
言《い》っただろ…
僕《ぼく》の声《こえ》は
リュークと違《ちが》って
人《ひと》に聞《き》こえるんだ
いや
だからこそ今《いま》
話《はな》しておきたい
？

俺《おれ》はライトが嫌《きら》いじゃないしある意味《いみ》 最高《さいこう》の奴《やつ》にノートを拾《ひろ》われたと思《おも》っている
なぜならノートの結末《さいご》かライトの死《さいご》を見届《みとど》けなくてはいけないからだ
しかし…
俺《おれ》はライトの味方《みかた》でもL《エル》の味方《みかた》でもない
わかってたよそれくらいリューク

だから 俺《おれ》は
ライトがやってる事《こと》が
正《ただ》しいとか正《ただ》しくないとか
そんな事《こと》はこれからも
一切《いっさい》 言《い》わない
もっとも
同居人《どうきょにん》としての
口出《くちだ》しはするがな
どうしたんだよ
リューク？
今更《いまさら》そんな事《こと》言《い》い出《だ》して
らしくないぞ
だから
今《いま》から俺《おれ》が
言《い》う事《こと》は
キラの味方《みかた》として
言《い》うのではなく
俺自身《おれじしん》が
気持《きも》ち悪《わる》いから
言《い》うんだが
クク‥
まわり
くどいな
早《はや》く言《い》えよ
俺《おれ》はいつも
ライトの後《うし》ろにいるから
すぐにわかったんだが…
目《め》ざわり
なんだよ
この二日間《ふつかかん》…

Coca-Cola
ずっと ライトをつけている人間《にんげん》がいる
そいつに俺《おれ》は見《み》えてないがいつも見《み》られてる気分《きぶん》だ…

それはウザイな なるべく早《はや》く 消《け》してやるよ リューク
二日《ふつか》か… そいつには僕《ぼく》は ただの受験生《じゅけんせい》にしか 見《み》えてない…
しかも めちゃくちゃ 優等生《ゆうとうせい》にだ…

ただいま
ガチャ
おかえりー
パラ…
当然《とうぜん》部屋《へや》までは入《はい》ってない
L《エル》は捜査本部《そうさほんぶ》の情報《じょうほう》が漏《も》れた事《こと》で警察《けいさつ》の人間《にんげん》を疑《うたが》い…
パタン…
捜査本部《そうさほんぶ》の責任者《せきにんしゃ》である父《ちち》も調《しら》べられる…
警察《けいさつ》の人間《にんげん》を警察《けいさつ》が調《しら》べるはずがない
バサッ
まずL《エル》は何《なに》を使《つか》って警察《けいさつ》を調《しら》べてるかだな…

そして
情報《じょうほう》が漏《も》れてから
まだ六日《むいか》というのに
もう僕《ぼく》にも尾行《びこう》が二日《ふつか》…
警察《けいさつ》を調《しら》べ始《はじ》めてる
奴等《やつら》は相当《そうとう》な人数《にんずう》だ
仮《かり》に50人《にん》で調《しら》べたとしても
僕《ぼく》がキラだと疑《うたが》われる
可能性《かのうせい》は　まずない…
もっと怪《あや》しい者《もの》は
いくらでもいる
しかし何《なん》か月《げつ》も
放《ほう》っておけば
可能性《かのうせい》は0《ゼロ》では
なくなるかもしれない…
……
……
まず
僕《ぼく》をつけてきた奴《やつ》の名前《なまえ》だ
それがわかれば
全《すべ》て処理《しょり》できる

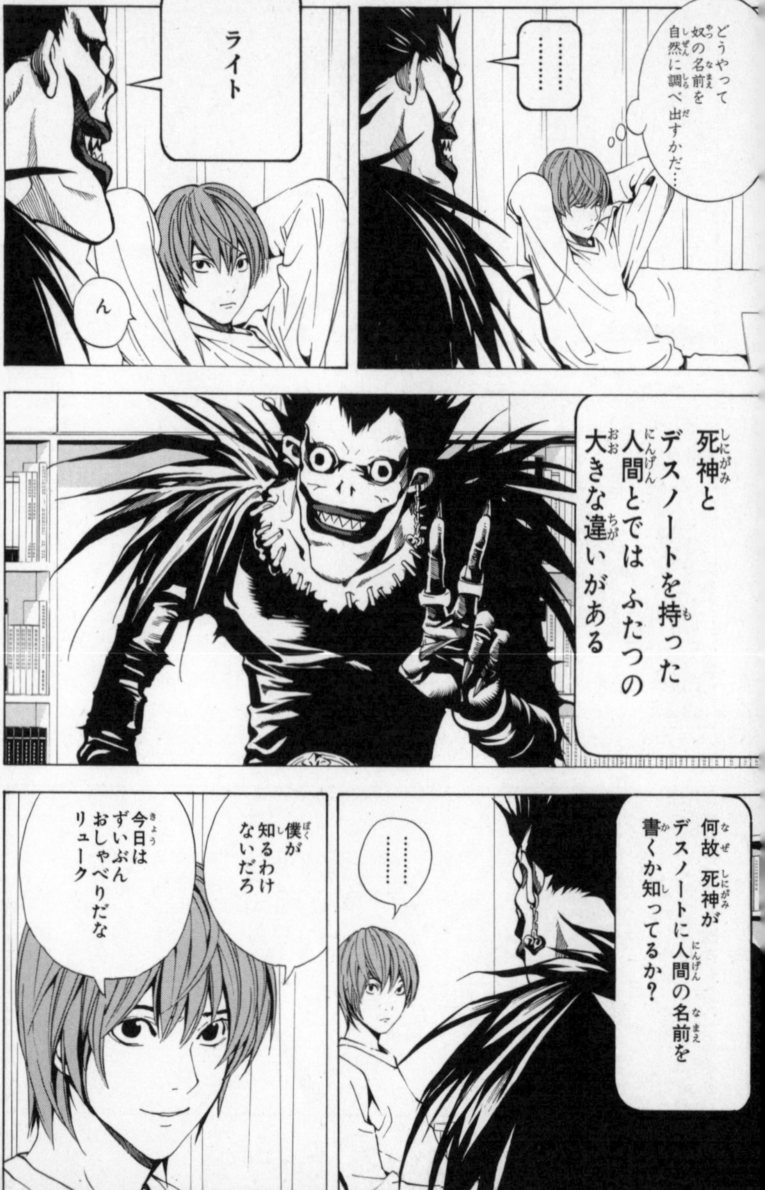
どうやって奴《やつ》の名前《なまえ》を自然《しぜん》に調《しら》べ出《だ》すかだ……
……
ライト
ん
死神《しにがみ》とデスノートを持《も》った人間《にんげん》とでは ふたつの大《おお》きな違《ちが》いがある
何故《なぜ》 死神《しにがみ》がデスノートに人間《にんげん》の名前《なまえ》を書《か》くか知《し》ってるか？
……
僕《ぼく》が知《し》るわけないだろ
今日《きょう》はずいぶんおしゃべりだなリューク

死神《しにがみ》は人間《にんげん》の寿命《じゅみょう》をもらっているからだ
!?寿命《じゅみょう》をもらう?
人間界《にんげんかい》で普通《ふつう》に60歳《さい》まで生《い》きる人間《にんげん》を40歳《さい》で死《し》ぬ様《よう》にデスノートに書《か》く
60－40＝20 その人間界《にんげんかい》での20年《ねん》という時間《じかん》が死神《しにがみ》の寿命《じゅみょう》にプラスされるんだ
だから よほど怠《なま》けてない限《かぎ》り頭《あたま》を拳銃《けんじゅう》でぶち抜《ぬ》かれようと心臓《しんぞう》をナイフで刺《さ》されようと死神《しにがみ》は死《し》なない
仮《かり》にも神《かみ》だしな
もっともダラダラと何百年《なんびゃくねん》も人間《にんげん》の名前《なまえ》を書《か》く事《こと》を忘《わす》れて暮《く》らし死《し》んだ死神《しにがみ》も俺《おれ》は見《み》たし…

俺《おれ》も知《し》らないが…
死神《しにがみ》を殺《ころ》す方法《ほうほう》っていうのも存在《そんざい》してるらしい
まあ今《いま》の死神《しにがみ》には「この人間《にんげん》は気《き》に入《い》らない」とか「人間界《にんげんかい》を良《よ》くしよう」とか「悪《わる》くしよう」とかそんな感情《かんじょう》は全《まった》くない
はっきり言《い》って人間界《にんげんかい》なんて死神《しにがみ》にとってはどうでもいい所《ところ》だ
……
ただ漠然《ばくぜん》と死《し》にたくないから人《ひと》の寿命《じゅみょう》をいただき漠然《ばくぜん》と生《い》きている…
本当《ほんとう》に今《いま》の死神界《しにがみかい》っていうのは腐《くさ》ってる
何《なん》の為《ため》に存在《そんざい》してるのかすらもう誰《だれ》にもわからない
たぶん存在《そんざい》してる意味《いみ》なんてないだろう…

馬鹿《ばか》だな リュークって ……
何《なに》っ!?
リュークの様《よう》な死神《しにがみ》が 百年《ひゃくねん》…いや千年《せんねん》に一度《いちど》でも 降《お》りてきただけで 人間界《にんげんかい》は 大《おお》きく変《か》わるんだ
恐《おそ》ろしく意味《いみ》ある 存在《そんざい》だよ…死神界《しにがみかい》は… それが何時《いつ》の時代《じだい》でもね
……
そ… そうか…
今《いま》の死神界《しにがみかい》がそこまで 腐《くさ》ってると言《い》うのなら リュークが帰《かえ》った時《とき》 人間界《にんげんかい》に来《き》た事《こと》を生《い》かして 変《か》えてみたらどうだ?
はは
……
ライト… おまえって本当《ほんとう》は ものすごくプラス思考《しこう》な 人間《にんげん》なのかもしれないな…
はは
当《あ》たり前《まえ》じゃないか 前向《まえむ》きじゃなきゃ 自《みずか》ら世界《せかい》を良《よ》くしよう なんて思《おも》わないよ

しかし ライトがデスノートに人間《にんげん》の名前《なまえ》を書《か》いてもライトの寿命《じゅみょう》は延《の》びない
これが 死神《しにがみ》とデスノートを持《も》った人間《にんげん》との違《ちが》いのひとつめだ
さっきの話《はなし》と違《ちが》って今《いま》の話《はなし》はちょっと面白《おもしろ》いよリューク
人間《にんげん》にとっては死神《しにがみ》の新説《しんせつ》だからね
ああ
ふたつめはたぶんライトにとってもっと面白《おもしろ》い
寿命《じゅみょう》を延《の》ばすのではなく縮《ちぢ》める話《はなし》だがな…
俺達《おれたち》 死神《しにがみ》は死神界《しにがみかい》から人間界《にんげんかい》を見《み》下《お》ろし
ノートに書《か》く人間《にんげん》を選《えら》んでいる

そこに多少《たしょう》の好《す》き嫌《きら》いはあるかもしれないが
ほとんどたまたま目《め》に留《と》まった人間《にんげん》だ
死神《しにがみ》に憑《つ》かれた不運《ふうん》な人間《にんげん》ってわけか
じゃあ何故《なぜ》覗《のぞ》いているだけでその人間《にんげん》の名前《なまえ》がわかるかだが…
!
………
死神《しにがみ》の目《め》には…

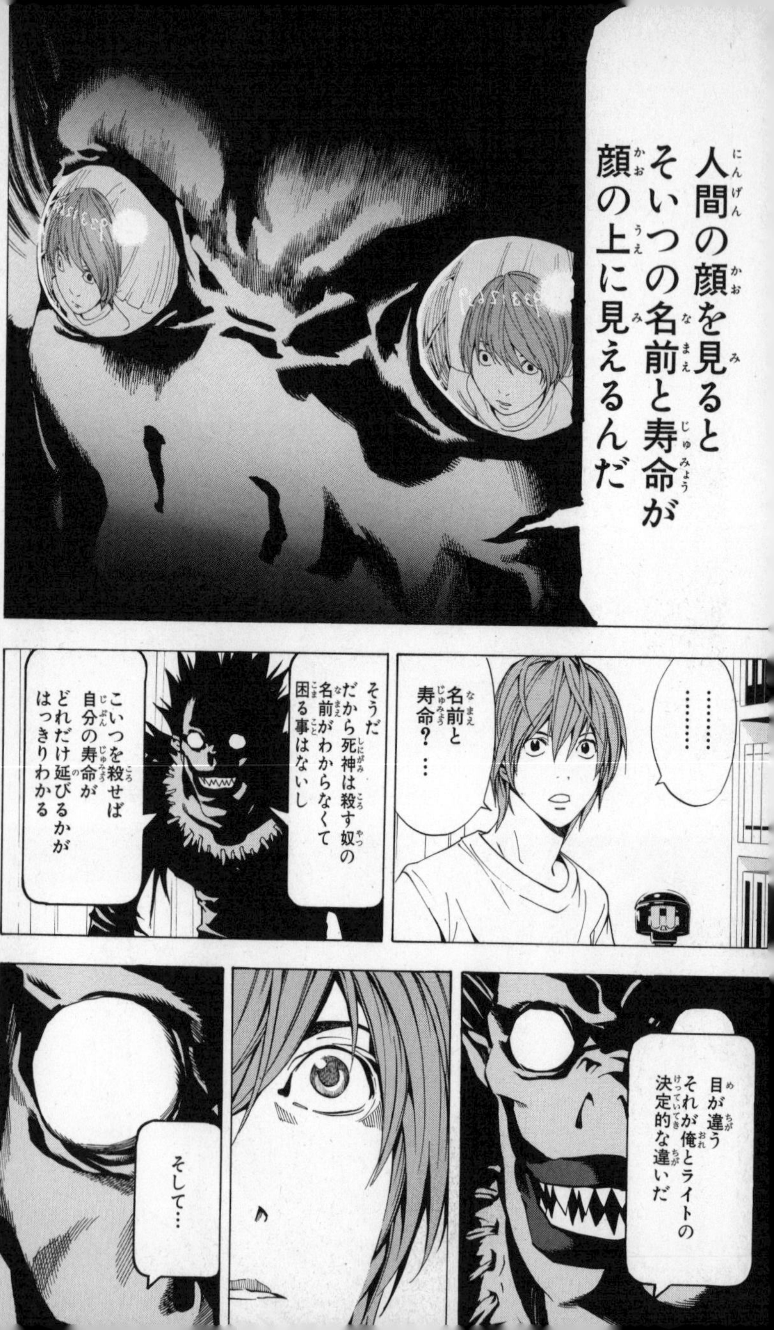

人間《にんげん》の顔《かお》を見《み》ると
そいつの名前《なまえ》と寿命《じゅみょう》が
顔《かお》の上《うえ》に見《み》えるんだ
……
……
名前《なまえ》と寿命《じゅみょう》？…
そうだ
だから死神《しにがみ》は殺《ころ》す奴《やつ》の
名前《なまえ》がわからなくて
困《こま》る事《こと》はないし
こいつを殺《ころ》せば
自分《じぶん》の寿命《じゅみょう》が
どれだけ延《の》びるかが
はっきりわかる
目《め》が違《ちが》う
それが俺《おれ》とライトの
決定的《けっていてき》な違《ちが》いだ
そして…

死神《しにがみ》は自分《じぶん》の落《お》とした ノートを拾《ひろ》った人間《にんげん》とだけ ある古《ふる》くから伝承《でんしょう》されてきた 取引《とりひき》をし…
そいつの目《め》を 死神《しにがみ》の目《め》にしてやる事《こと》が できる
!
と…取引《とりひき》って…?
死神《しにがみ》の眼球《めだま》の値段《ねだん》は…
その人間《にんげん》の残《のこ》りの寿命《じゅみょう》の半分《はんぶん》だ
……!
残《のこ》りの寿命《じゅみょう》の半分《はんぶん》………
ああ つまり あと50年《ねん》生《い》きる とすれば25年《ねん》…
あと1年《ねん》の命《いのち》 なら半年《はんとし》だ

夜神月
9 3 31 2 6 3 9
もちろん 今《いま》 俺《おれ》の目《め》にはライトの名前《なまえ》と寿命《じゅみょう》が見《み》えている
人間時間《にんげんじかん》に直《なお》すと何年《なんねん》かはっきりわかる
もちろん そんな事《こと》はここまで口《くち》の裂《さ》けてる俺《おれ》でも口《くち》が裂《さ》けても言《い》えない
……
そして キラとエルのどっちの味方《みかた》もしないから僕《ぼく》の殺《ころ》したい人間《にんげん》の名前《なまえ》が見《み》えていても教《おし》えない…か……
ああ それは死神界《しにがみかい》の掟《ルール》でもあるからな…

大体《だいたい》 この取引《とりひき》は死神《しにがみ》にとってはなんのメリットもない
いくらでも他《ほか》の人間《にんげん》で寿命《じゅみょう》を延《の》ばせるんだ
つまりノートを拾《ひろ》った人間《にんげん》の為《ため》に考《かん》えられた取引《とりひき》だ
残《のこ》りの寿命《じゅみょう》の半分《はんぶん》で死神《しにがみ》の目《め》にできる
そうすれば顔《かお》を見《み》ると全《すべ》ての人間《にんげん》の名前《なまえ》がわかる……か……

DEATH NOTE

How to use it

- A god of death can extend his life by putting human names on the note, but humans cannot.
死神《しにがみ》はデスノートに人間《にんげん》の名前《なまえ》を書《か》く事《こと》で自分《じぶん》の寿命《じゅみょう》を延《の》ばせるが、
人間《にんげん》は延《の》ばせない。

- A person can shorten his or her own life by using the note.
自分《じぶん》で自分《じぶん》の寿命《じゅみょう》をデスノートによって縮《ちぢ》める事《こと》はできる。

- the human who becomes the owner of the DEATH NOTE can, in exchange of half of his/her remaining life, get the eyeballs of the god of death which will enable him/her to see a human's name and remaining lifetime when looking through them.
デスノートの所有者《しょゆうしゃ》となった人間《にんげん》は、自分《じぶん》の残《のこ》された寿命《じゅみょう》の半分《はんぶん》と交換《こうかん》に、
人間《にんげん》の顔《かお》を見《み》るとその人間《にんげん》の名前《なまえ》と寿命《じゅみょう》の見《み》える死神《しにがみ》の眼球《がんきゅう》を
もらう事《こと》ができる。

- A god of death cannot be killed even if stabbed in his heart with a knife or shot in the head with a gun. However, there are ways to kill a god of death, which are not generally known to the gods of death.
死神《しにがみ》は心臓《しんぞう》をナイフで刺《さ》しても頭《あたま》を銃《じゅう》で撃《う》ち抜《ぬ》いても殺《ころ》す事《こと》はできない。
しかし、一介《いっかい》の死神《しにがみ》は知《し》らない死神《しにがみ》の殺《ころ》し方《かた》は存在《そんざい》する。

page. 6 捜《そう》査《さ》

残《のこ》りの寿命《じゅみょう》の半分《はんぶん》で死神《しにがみ》の目《め》か…
顔《かお》を見《み》ただけでその人間《にんげん》の名前《なまえ》がわかる…
いいね…便利《べんり》な目《め》だ………
リューク
!
この取引《とりひき》………

論外《ろんがい》だ
僕《ぼく》は犯罪者《はんざいしゃ》のいない理想《りそう》の新世界《しんせかい》をつくる
そしてそこの神《かみ》として長《なが》く君臨《くんりん》するんだ
僕《ぼく》の寿命《じゅみょう》が延《の》びる取引《とりひき》なら考《かんが》えるが
短《みじか》くなるんじゃ話《はなし》にならない
そんな事《こと》リュークだってわかってるはずだろ
ああ

ただ　そういう取引《とりひき》もあると言《い》いたかっただけだ　こういう話《はなし》は早《はや》くしておかないと後《あと》で文句《もんく》言《い》われても嫌《いや》だからな
そして　この取引《とりひき》はライトがノートを持《も》っている限《かぎ》りいつでもできる
……「こういう話《はなし》は早《はや》くしておかないと」？……
だったら……
そんな話《はなし》は会《あ》ってすぐに言《い》うかノートの使《つか》い方《かた》の説明《せつめい》にでも書《か》いておくべきじゃないのか？
言《い》うの遅《おそ》いだろ

……
そ…そうだな……
……仮《かり》にも俺《おれ》は死神《しにがみ》なのに俺《おれ》を少《すこ》しでも恐《おそ》れたりこびる事《こと》なくこういう事《こと》に関《かん》してはガンガンつっこんでくる…
で？
ん？
他《ほか》に前《まえ》もって言《い》っておくべき事《こと》はもうないんだろうな？死神《しにがみ》リューク
キィ…
……

デスノートの使《つか》い方《かた》とか 取引《とりひき》とか もう後《あと》から出《で》てこない?
ああ… もうない…
たぶん ……
そうか 残念《ざんねん》だ…
残念《ざんねん》?
目《め》でなく翼《つばさ》だったら 本気《ほんき》で取引《とりひき》を考《かんが》えたかも しれない…
「翼《つばさ》を持《も》って空《そら》を自由《じゆう》に飛《と》ぶ」 なんて 神《かみ》らしいじゃないか… そして人類《じんるい》が古代《こだい》からずっと 抱《いだ》いてきた夢《ゆめ》でもある
…… ……
翼《つばさ》が生《は》えて 空《そら》を飛《と》んだら目立《めだ》つだろ… それだけで警察《けいさつ》に 捕《つか》まりそうだが…
今《いま》のは冗談《じょうだん》だ リューク
……

しかし そうやって目《め》だの翼《つばさ》だの取引《とりひき》していくうちにいつの間《ま》にか本当《ほんとう》の死神《しにがみ》にされてしまう………
そういう話《はなし》も面白《おもしろ》いじゃないか
安心《あんしん》しろ そんな事《こと》しなくても
ライト おまえはもう…
立派《りっぱ》な死神《しにがみ》だ
………
まあ 話《はなし》を聞《き》いてると今《いま》の堕落《だらく》した死神《しにがみ》よりよっぽど働《はたら》いてるみたいだが…
死神《しにがみ》と一緒《いっしょ》にされたくないね

僕《ぼく》は人間《にんげん》として人間《にんげん》の為《ため》にデスノートを使《つか》っているんだ
!
「デスノートの使《つか》い方《かた》」でわかった…
ん?
パラッ
今日《きょう》 僕《ぼく》を尾行《びこう》してた奴《やつ》の名前《なまえ》を知《し》る方法《ほうほう》だよ
カチ
5時《じ》20分《ぷん》…
明日《あした》は土曜《どよう》………
まだ十分《じゅうぶん》間《ま》に合《あ》う

どうする気《き》だ?
『死因《しいん》を書《か》くと更《さら》に6分《ぷん》40秒《びょう》詳《くわ》しい死《し》の状況《じょうきょう》を記載《きさい》する時間《じかん》が与《あた》えられる』
まず この『死《し》の詳《くわ》しい状況《じょうきょう》』がどの範囲《はんい》まで自由《じゆう》にできるのか試《ため》させてもらう
○○区にて銀行強盗殺人事件1件。10月30日、銃を用い、現金1200万円を奪うが、逃走中、逮捕。死傷者5名。
××区にて保険金殺人事件1件。妻の保険金約4400万円目当てでの容疑。11月4日逮捕。
白身 正亜希
昭和30年8月1日生
都内北部にて連続5件の放火。いずれも家屋は全焼し、合計13人が死亡。11月5日放火未遂で現行犯逮捕。
指名手
中岡宇
昭和35年6…
都内を中心に強盗…事件6件。ナイフを用いバ…1名、コンビニ店員2名、か…名を殺傷。今も都内に潜…
こんな時《とき》の為《ため》にストックしておいた犯罪者《はんざいしゃ》を使《つか》ってね
今日《きょう》 尾行《びこう》してた奴《やつ》が僕《ぼく》を白《シロ》だと判断《はんだん》してしまったらもう一度《いちど》調《しら》べが回《まわ》ってくるのは当分《とうぶん》 先《さき》になるに違《ちが》いない
そして その時《とき》は一人一人《ひとりひとり》をもっと徹底的《てっていてき》に調《しら》べ上《あ》げる…
今《いま》 尾行《びこう》されている事《こと》を利用《りよう》するんだ
次《つぎ》じゃ手遅《ておく》れになる可能性《かのうせい》もある

特別捜
プルルルルル
ジュシンチュウ・・・・
ああ
私《わたし》だ
カチャ
また刑務所内《けいむしょない》の
犯罪者《はんざいしゃ》が六人《にん》…
心臓麻痺《しんぞうまひ》か…
キラだな
また六人《にん》も
だと…
キラめ…
何《なに》!?
三人《にん》が死《し》の直前《ちょくぜん》に
今《いま》までにない行動《こうどう》?
どういう事《こと》だ!?
ただの
心臓麻痺《しんぞうまひ》じゃ
ないのか?
……

いえ 死因《しいん》は心臓麻痺《しんぞうまひ》なんですがその直前《ちょくぜん》に絵《え》を描《か》いていた者《もの》遺書《いしょ》らしき物《もの》を書《か》いていた者《もの》…
待《ま》ってくれ その被害者達《ひがいしゃたち》の状況《じょうきょう》は詳《くわ》しくデータに入《い》れておきたい
ゆっくり頼《たの》む
ガタ
凶悪犯罪者連続殺人事件 被害者リスト
ファイル(F) 編集(E) 表示(V) 挿入(I) 書式(O) ツール(T) データ(D) ウィンドウ(W) ヘルプ(H)
日時 氏名 罪状 場所 死因
2003 12.18 南原海 軽十 誘拐殺人 第21刑務所 心臓麻痺
2003 12.18 似志田 九 保険金殺人 第21刑務所 心臓麻痺
2003 12.18 晶仲 富鉄 強盗殺人 第21刑務所 心臓麻痺
2003 12.19 白身 正亜希 連続
うむ 漢字《かんじ》は？ 氏名《しめい》…白身《しらみ》 正亜希《まさあき》…
ああ 例《れい》の犠牲者《ぎせいしゃ》を13人《にん》も出《だ》した連続放火魔《れんぞくほうかま》だな…
カチャ
カチャ

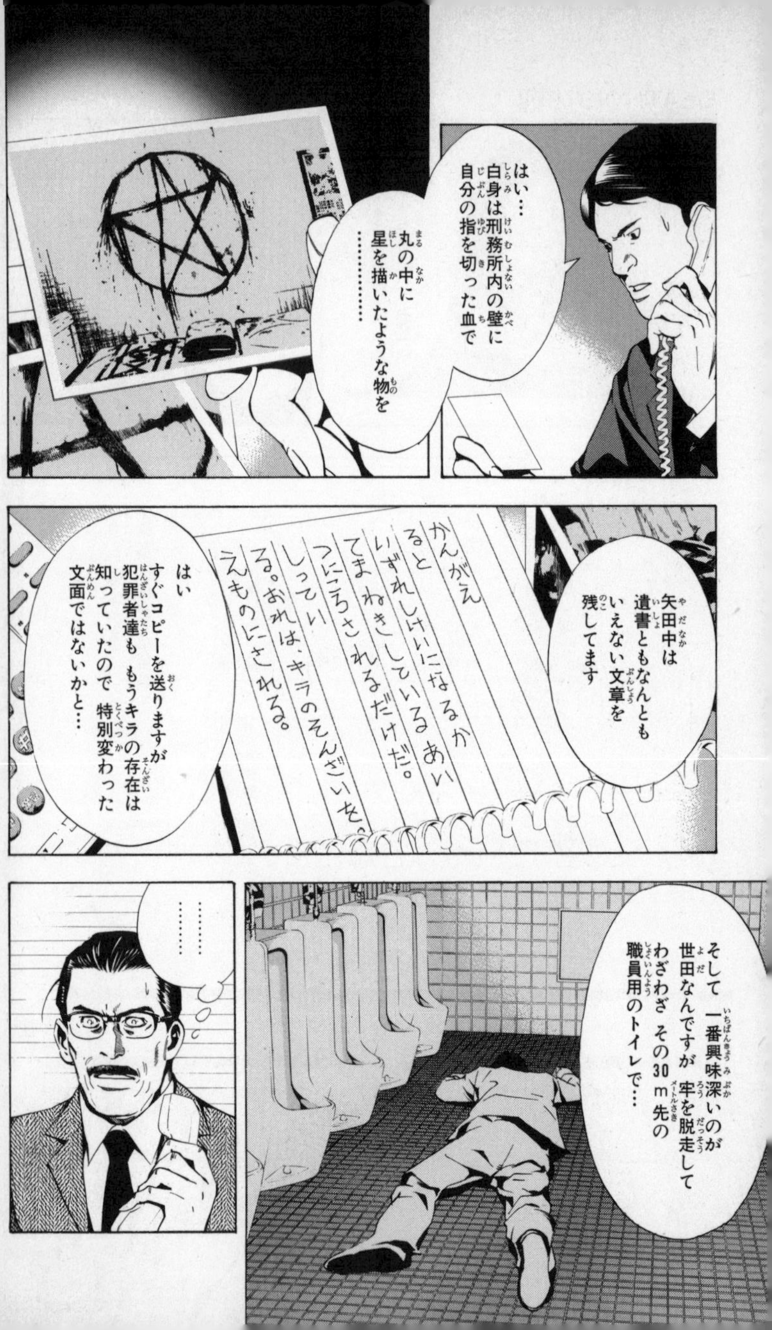
はい…
白身《しらみ》は刑務所内《けいむしょない》の壁《かべ》に
自分《じぶん》の指《ゆび》を切《き》った血《ち》で
丸《まる》の中《なか》に
星《ほし》を描《か》いたような物《もの》を
……
矢田中《やだなか》は
遺書《いしょ》ともなんとも
いえない文章《ぶんしょう》を
残《のこ》してます
かんがえ
ると
いずれしけいになるか
てまねきしているあい
つにころされるだけだ。
しってい
る。おれは、キラのそんざいを。
えものにされる。
はい
すぐコピーを送《おく》りますが
犯罪者達《はんざいしゃたち》も　もうキラの存在《そんざい》は
知《し》っていたので　特別《とくべつ》変《か》わった
文面《ぶんめん》ではないかと…
そして　一番興味深《いちばんきょうみぶか》いのが
世田《よだ》なんですが　牢《ろう》を脱走《だっそう》して
わざわざ　その30 m先《メートルさき》の
職員用《しょくいんよう》のトイレで…
……
……

ピピピ……
カチ
どうした？ワタリ
先《さき》ほど今《いま》までと少《すこ》し違《ちが》う心臓《しんぞう》麻《ま》痺《ひ》の犠《ぎ》牲《せい》者《しゃ》が出《で》ました
今《いま》までと違《ちが》う？
その絵《え》と書《か》き残《のこ》されたという文章《ぶんしょう》の画《が》像《ぞう》を送《おく》ります
頼《たの》む

かんがえ
ると
いずれしけいにな
てまねきしてい
つにころされる
しってい
る。おれは、キラの
えものにされる
……
……キラに怯《おび》えた文章《ぶんしょう》…
かんがえ
ると
いずれしけいになるか
てまねきしているあい
つにころされるだけだ。
しってい
る。おれは、キラのそんざいを。
えものにされる。
ただ単《たん》に犯罪者《はんざいしゃ》がとった行動《こうどう》とも取《と》れるが…
キラは死《し》の時間《じかん》も操《あやつ》れた…
もしも死《し》の直前《ちょくぜん》の行動《こうどう》も操《あやつ》れるとしたら…

局長《きょくちょう》！
今回《こんかい》の犠牲者《ぎせいしゃ》ですが報道関係《ほうどうかんけい》には「心臓麻痺《しんぞうまひ》」以上《いじょう》の事《こと》は発表《はっぴょう》しないでください
キラが犯罪者《はんざいしゃ》によって何《なに》かをテストしている可能性《かのうせい》がありますわざわざテレビや新聞《しんぶん》で答《こた》えを教《おし》える事《こと》になるかもしれません
なるほど
犯罪者《はんざいしゃ》を使《つか》ってテスト？…
ひどいな…
人《ひと》の命《いのち》をまるでゲームを楽《たの》しむかのように…絶対《ぜったい》に許《ゆる》せん！
犯罪者《はんざいしゃ》で実験《じっけん》をしているとしたら…
………何《なに》をする気《き》だ！？

見《み》ろよ リューク
父《ちち》のパソコンにはもう
六人《にん》のテスト結果《けっか》が
打《う》ち込《こ》まれている
白身 正亜希
矢田中 剣
世田 多三吉
仏良 友臓
璧岡 仁
山前 芯市郎
思《おも》った通《とお》りの
結果《けっか》だ
使《つか》えるよ
デスノートは
どういう結果《けっか》なんだ
？
一人《ひとり》は脱走《だっそう》しノートに指定《してい》した
トイレに行《い》き
もう一人《ひとり》は僕《ぼく》がノートに描《か》いた絵《え》と
同《おな》じ絵《え》を壁《かべ》に描《か》き
もう一人《ひとり》は僕《ぼく》がノートに書《か》いた文章《ぶんしょう》と
同《おな》じ文章《ぶんしょう》を書《か》いた
午後6時死亡。
世田 夛三吉 心臓麻痺
刑務所から脱走しそこから一番近い
トイレで 午後6時 死亡。
白身 正亜希 心臓麻痺
刑務所の壁に と描き
この三人《にん》については
ノートの「心臓麻痺《しんぞうまひ》」の後《あと》に
僕《ぼく》が書《か》いた通《とお》りの行動《こうどう》を
している…
死亡時刻《しぼうじこく》も たぶん合《あ》っているだろう

他《ほか》の三人《にん》はわざとかなり無理《むり》のある死《し》の状況《じょうきょう》を書《か》いてみたんだ
?
まず『今日《きょう》の午後《ごご》6時《じ》にフランスのエッフェル塔前《とうまえ》で死《し》ぬ』
6：00
5：30
5時《じ》半頃《はんごろ》 日本《にほん》の刑務所《けいむしょ》に居《い》た人間《にんげん》が6時《じ》にフランスなんて物理的《ぶつりてき》に無理《むり》だ
だから それは実現《じつげん》せず6時《じ》に ただ心臓麻痺《しんぞうまひ》
次《つぎ》は『刑務所《けいむしょ》の壁《かべ》にL《エル》そっくりの似顔絵《にがおえ》を描《か》く』と書《か》いたが
知《し》らない人間《にんげん》の顔《かお》は描《か》けない
そして最後《さいご》に『「俺《おれ》はL《エル》が日本警察《にほんけいさつ》を疑《うたが》っている事《こと》を知《し》っている」と書《か》く』とデスノートに書《か》いた
これは もしかしたら いけるかと思《おも》っていたが 本人《ほんにん》の知《し》らない情報《じょうほう》や考《かんが》えもしない事《こと》は書《か》けないって事《こと》だ
しかしその人間《にんげん》がやってもおかしくない範囲《はんい》の行動《こうどう》ならいくらでも動《うご》かしてから死なせる事《こと》ができる
つまりいくらデスノートでもありえない事《こと》はできない

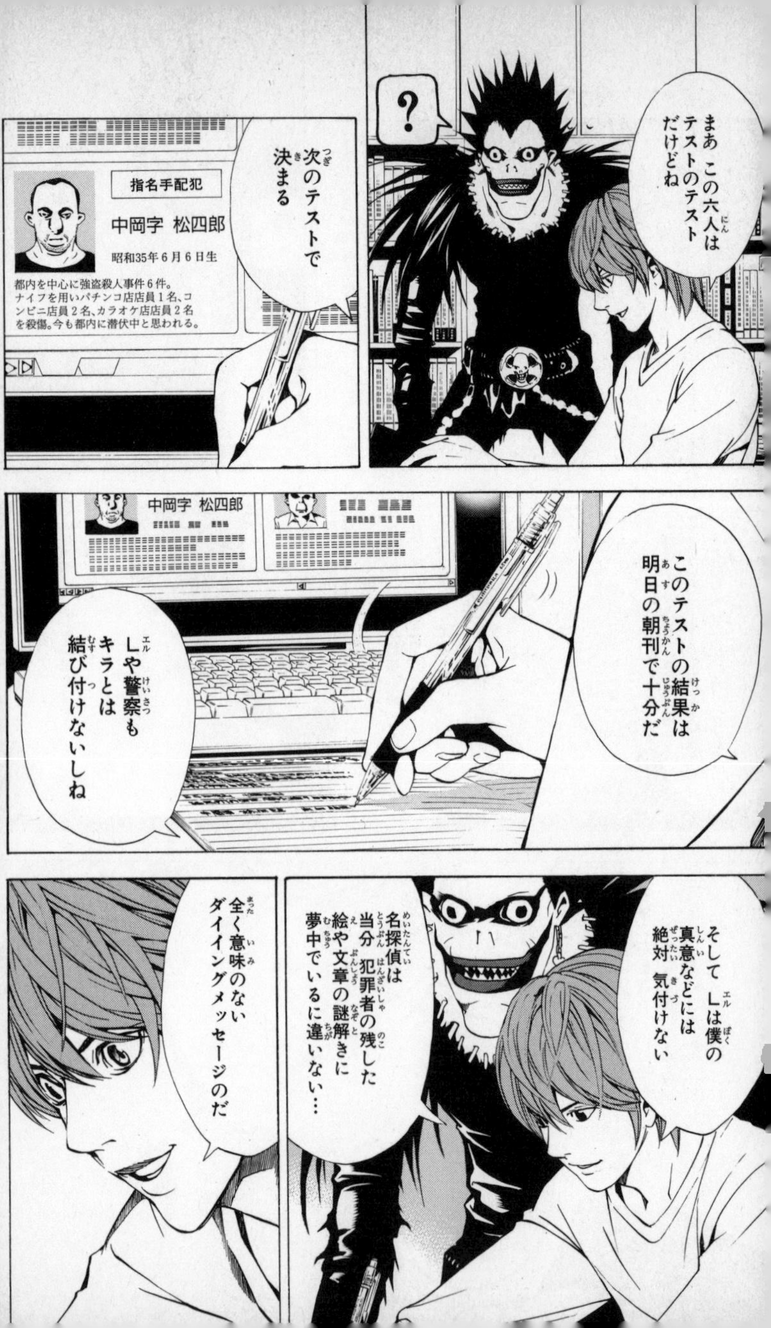
まあ この六人《にん》は テストのテスト だけどね
?
次《つぎ》のテストで 決《き》まる
指名手配犯
中岡字 松四郎
昭和35年6月6日生
都内を中心に強盗殺人事件6件。ナイフを用いパチンコ店店員1名、コンビニ店員2名、カラオケ店店員2名を殺傷。今も都内に潜伏中と思われる。
中岡字 松四郎
このテストの結果《けっか》は 明日《あす》の朝刊《ちょうかん》で十分《じゅうぶん》だ
L《エル》や警察《けいさつ》も キラとは 結《むす》び付《つ》けないしね
そして L《エル》は僕《ぼく》の 真意《しんい》などには 絶対《ぜったい》 気付《きづ》けない
名探偵《めいたんてい》は 当分《とうぶん》 犯罪者《はんざいしゃ》の残《のこ》した 絵《え》や文章《ぶんしょう》の謎解《なぞと》きに 夢中《むちゅう》でいるに違《ちが》いない…
全《まった》く意味《いみ》のない ダイイングメッセージのだ

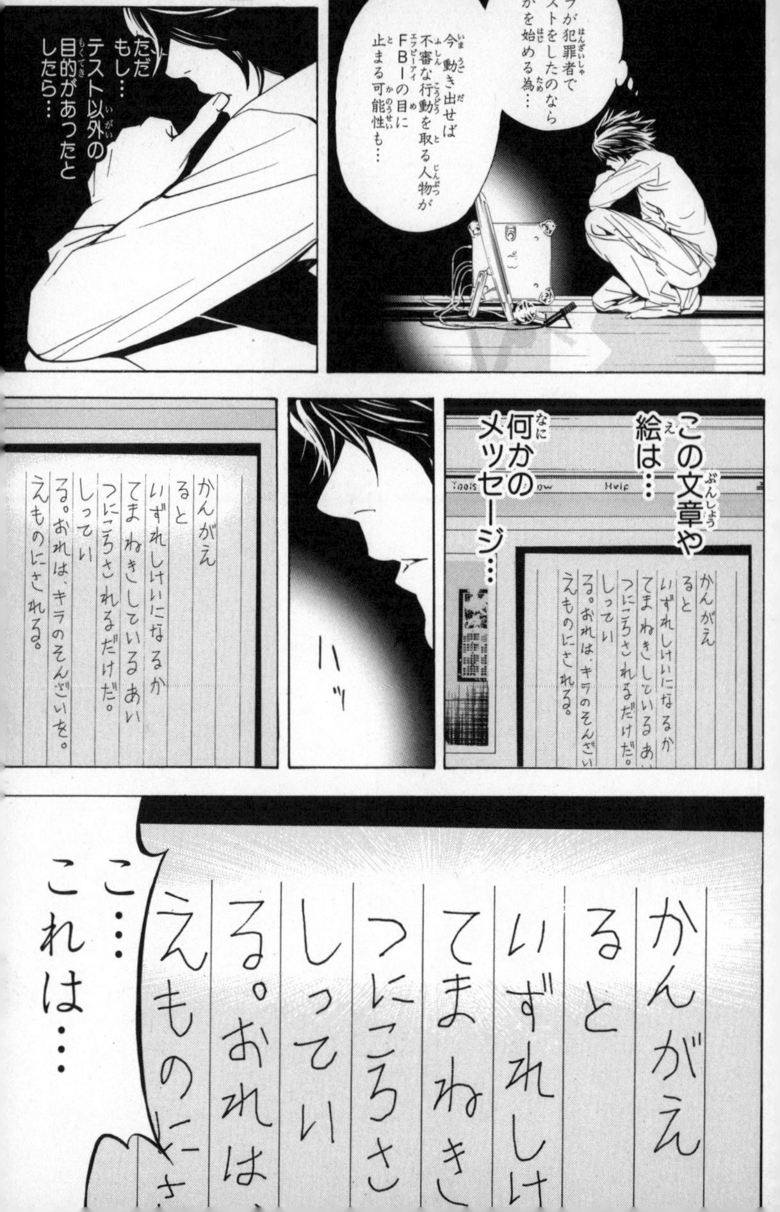
キラが犯罪者《はんざいしゃ》で
テストをしたのなら
何《なに》かを始《はじ》める為《ため》…
今《いま》動《うご》き出《だ》せば
不審《ふしん》な行動《こうどう》を取《と》る人物《じんぶつ》が
FBI《エフビーアイ》の目《め》に
止《と》まる可能性《かのうせい》も…
ただ
もし…
テスト以外《いがい》の
目的《もくてき》があったと
したら…
この文章《ぶんしょう》や
絵《え》は…
何《なに》かの
メッセージ…
Tools
ow
Help
かんがえ
ると
いずれしけいになるか
てまねきしているあ
つにころされるだけだ。
しってい
る。おれは、キラのそんざい
えものにされる。
ハッ
かんがえ
ると
いずれしけいになるか
てまねきしているあい
つにころされるだけだ。
しってい
る。おれは、キラのそんざいを。
えものにされる。
こ…
これは…
かんがえ
ると
いずれしけ
てまねき
つにころさ
しってい
る。おれは、
えものにさ

土曜《どよう》なのに早起《はやお》きね ライト
ちょっと出《で》かけようと思《おも》って昨夜《ゆうべ》は早《はや》く寝《ね》たんだ
カチッ
バサッ
テスト結果《けっか》発表《はっぴょう》か

39 社会 14版 2003年(平成15年)12月20日 土曜日 朝 読 新
コンビニ強盗　逆に店員に刺され死亡
強盗殺人で指名手配中の男
中岡宇　松四郎
一部始終を防犯カメラが撮影
警察はアルバイト店員
正当防衛と発表
すごいな デスノート
ここまで忠実《ちゅうじつ》に ノートに書《か》いた事《こと》が 再現《さいげん》されるとはね！
正亜希　心臓
務所の壁に と描き、午後6時
中岡宇 松四郎　出血多量死。
のコンビニにナイフを持って押し入り
になり、自分の腹部にナイフが刺さり
午前1時30分に死亡。
パラッ…

ガタッ
これで今日《きょう》も尾行《びこう》してくれれば…
いや 絶対《ぜったい》つけてくる 平日《へいじつ》だけ尾行《びこう》して休日《きゅうじつ》の行動《こうどう》を見《み》なかったら意味《いみ》がない
白《シロ》と判断《はんだん》するならそれからだ
じゃあいよいよ本番《ほんばん》だ
ガッ
昨日《きのう》ニュースでやっていた銀行《ぎんこう》を襲《おそ》ったが金《かね》を奪《うば》えず銀行員《ぎんこういん》と一般人《いっぱんじん》を撃《う》って逃《に》げた麻薬常習犯《まやくじょうしゅうはん》…こいつを使《つか》う
指名手配犯
恐田 奇一郎
9時《じ》…
9:00
少《すこ》し早《はや》いけど大丈夫《だいじょうぶ》だろ
何人《なんにん》かあたってみよう
パチ

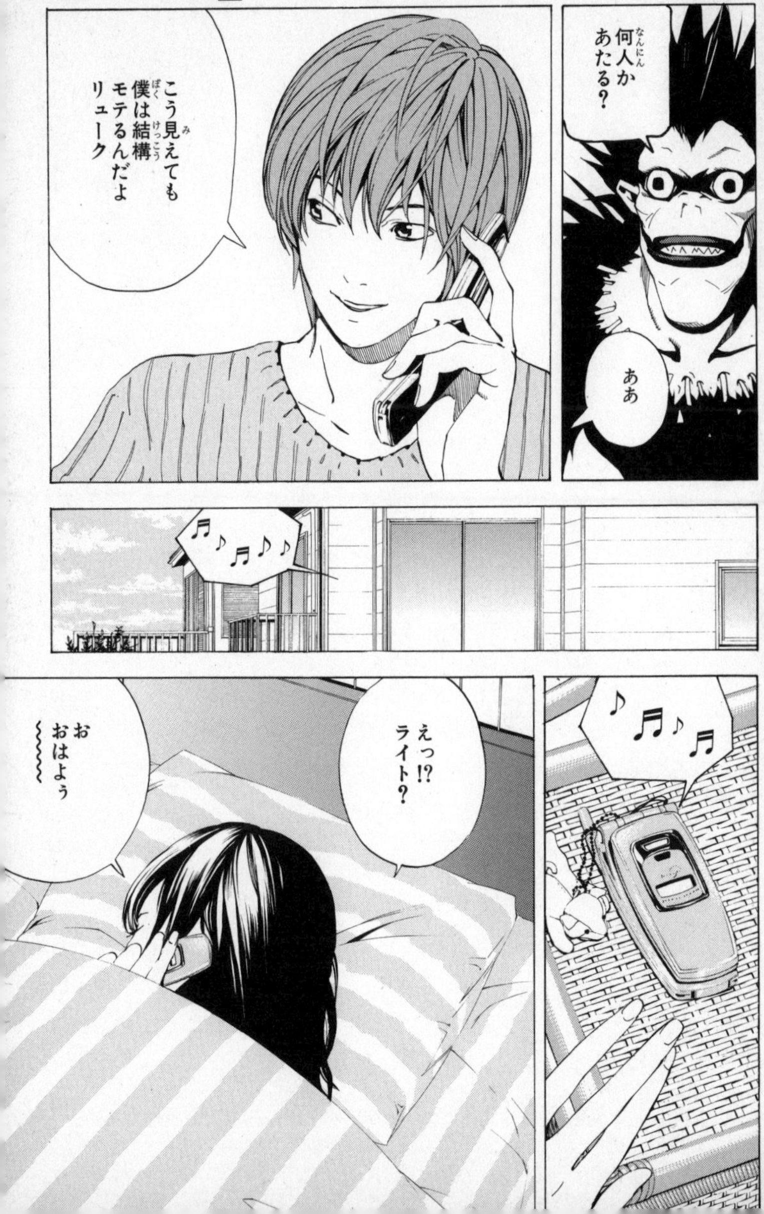
何人《なんにん》かあたる？
ああ
こう見《み》えても僕《ぼく》は結構《けっこう》モテるんだよリューク
♬♪♬♪♪
♪♬♪♬
えっ!? ライト？
お おはよう〜〜〜〜

DEATH NOTE

How to use it

VI

- The conditions for death will not be realized unless it is physically possible for that human or it is reasonably assumed to be carried out by that human.

書《か》き入《い》れる死《し》の状況《じょうきょう》は、その人間《にんげん》が物理的《ぶつりてき》に可能《かのう》な事《こと》、
その人間《にんげん》がやってもおかしくない範囲《はんい》の行動《こうどう》でなければ実現《じつげん》しない。

- The specific scope of the condition for death is not known to the gods of death, either. So, you must examine and find out.

死《し》の状況《じょうきょう》で可能《かのう》になる事《こと》の詳細《しょうさい》な範囲《はんい》は死神《しにがみ》にもわからないので、
自分《じぶん》で検証《けんしょう》し明《あき》らかにしていくしかない。

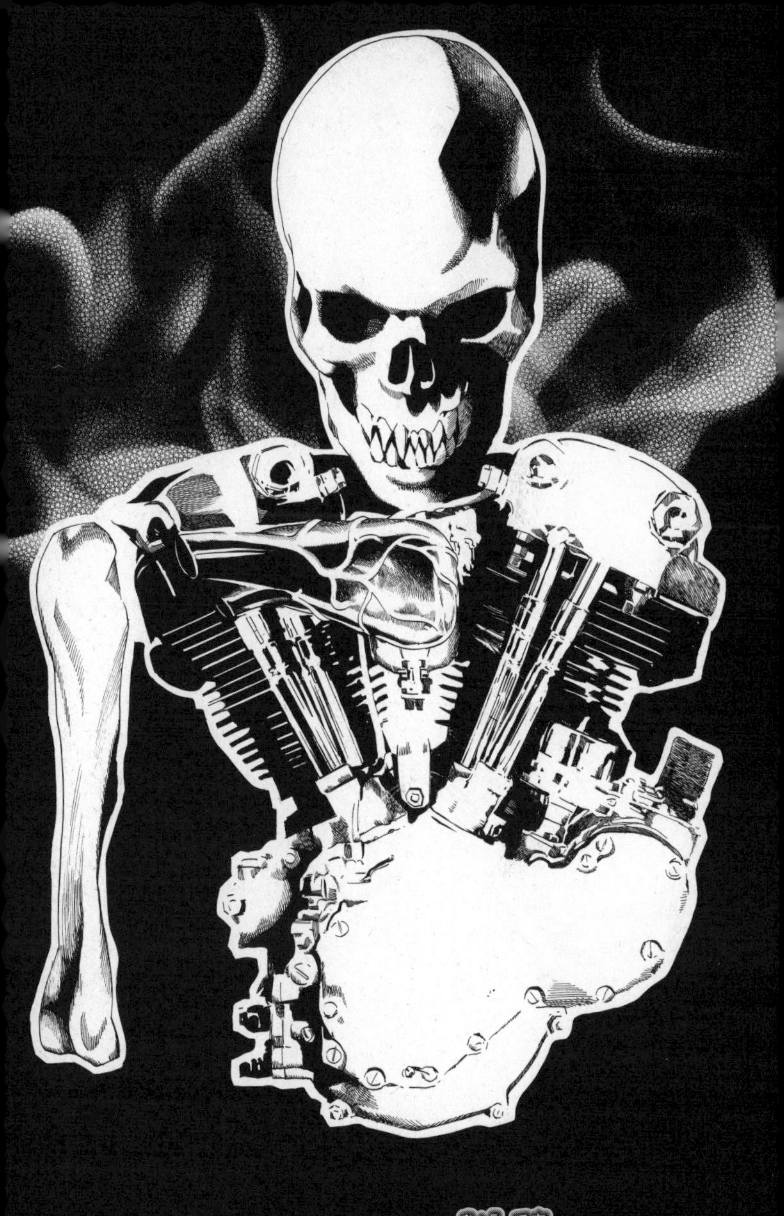

page. 7 標《ひょう》的《てき》

ライトー
デートか？
ああ どう見《み》ても 思《おも》いっ切《き》りデートさ 僕《ぼく》を尾行《びこう》してる奴《やつ》から 見《み》てもね
しかし おまえ 今朝《けさ》 尾行者《びこうしゃ》の名前《なまえ》を 知《し》る為《ため》とか言《い》って 麻薬常習犯《まやくじょうしゅうはん》の名前《なまえ》 デスノートに書《か》いてたけど…
そいつに 彼女《かのじょ》を襲《おそ》わせでも する気《き》か？…

あれ？ リューク
そいつの死《し》の状況《じょうきょう》
どう書《か》いたのか
見《み》てなかったのか？
ああ
それ見《み》ちゃうと
つまらないからな
だったら
どうなるのか
おとなしく見《み》てろよ
………
P
ごめん
遅《おそ》かった？
まだ
約束《やくそく》のバスが着《つ》く
5分前《ふんまえ》
遅《おそ》くないって
スペースランドなんて
中学生《ちゅうがくせい》の時《とき》以来《いらい》
楽《たの》しみー
しかも
今日《きょう》はライトと
二人《ふたり》きりだしぃ ─
あ
うん…

でも 受験《じゅけん》 終《お》わるまでは 遊《あそ》ばないとか言《い》って なかった?
あっ それは 模試《もし》全国《ぜんこく》1位《い》の 余裕《よゆう》だから
あっ 感《かん》じ悪《わる》っ アハハ
平日《へいじつ》は外出《がいしゅつ》といったら 学校《がっこう》と予備校《よびこう》に行《い》く くらい…
たまの休《やす》みに デートか…
いたって普通《ふつう》
いや 真面目《まじめ》な受験生《じゅけんせい》だ…
夜神《やがみ》局長《きょくちょう》の 息子《むすこ》 月《ライト》 疑《うたが》う余地《よち》なし
この家族《かぞく》の 娘《むすめ》までは 調《しら》べる必要《ひつよう》 ないな…
とりあえず 今日《きょう》一日《いちにち》の行動《こうどう》を 観《み》て終《お》わりだ
プシュー…
たっ
美奈子《みなこ》 M大学《だいがく》 狙《ねら》いだって
へー
……

ブロロ・・
オオォオ
プシュー・・
来《き》た!!
奴《やつ》だ!
乗客《じょうきゃく》は
奴《やつ》を除《のぞ》いて
七人《にん》
これなら
全《すべ》て
うまくいく

カチッ
えっ?
このバスは俺《おれ》が乗《の》っ取《と》った!!
!
ひ…
キ…キャーーーッ!
騒《さわ》ぐんじゃねーっ 少《すこ》しでも騒《さわ》いだり動《うご》いた奴《やつ》はぶっ殺《ころ》す
……
かけろ
運転手《うんてんしゅ》 スペースランドの事務所《じむしょ》の電話番号《でんわばんごう》 知《し》ってるな?
は…はい

124号車《ごうしゃ》のドライバー佐々木《ささき》です
今《いま》の状況《じょうきょう》を教《おし》えてやれ
バ バスを銃《じゅう》を持《も》った男《おとこ》にジャックされました
貸《か》せ
ガッ
という事《こと》だ
よく聞《き》け
昨日《きのう》の売《う》り上《あ》げをスペースランドふたつ手前《てまえ》のバス停《てい》「夕日浜《ゆうひはま》」まで 女《おんな》が一人《ひとり》で車《くるま》で持《も》って来《こ》い このバスが着《つ》く前《まえ》にだ!!
スペースランド 12:20
小細工《こざいく》したり警察《けいさつ》に知《し》らせたら乗客《じょうきゃく》をぶっ殺《ころ》す
へへ
ピ

ゴオオ
ガタ
ガタ
へへ…
……
トン
トン
!
ユリちゃん大丈夫安心して
犯人の隙をみて僕が
ピストルを持った手を押さえる
こういう時の対処法は刑事である
父に教わっている
犯人は小柄で弱々しい
僕の方が力もある
……
危険《きけん》だ やめろ
その時《とき》は
私《わたし》がやる
!
……

ゴロオオオオ
ゴッゴッ
大丈夫《だいじょうぶ》だ 筆談《ひつだん》などしなくても 小声《こごえ》なら走行音《そうこうおん》で ここの会話《かいわ》は犯人《はんにん》には 聞《き》こえない
クシャ
失礼《しつれい》ですが その喋《しゃべ》り方《かた》 あなた日本人《にほんじん》では ないですね？
！
カサ…
ああ 日系《にっけい》の アメリカ人《じん》 だが？
あの犯人《はんにん》の共犯者《きょうはんしゃ》ではない という証拠《しょうこ》はありますか
？
!?

きょ…共犯《きょうはん》?
よくあるケースだよ 犯人《はんにん》は一人《ひとり》と 思《おも》わせておいて いざという時《とき》の為《ため》に あらかじめ 後方《こうほう》からの見張《み は》りに 共犯者《きょうはんしゃ》を 置《お》いておく…
…………
どうしました?
や…やだ まさか本当《ほんとう》に……
し…仕方《しかた》ない…
夜神月《やがみライト》が キラであるわけはない… キラなら犯人《はんにん》を 心臓麻痺《しんぞうまひ》で殺《ころ》せるんだ…
これが証拠《しょうこ》だ 見《み》てくれ
スッ…
FBI
FBI《エフビーアイ》!!
そうか L《エル》は FBI《エフビーアイ》を使《つか》って 日本警察関係者《にほんけいさつかんけいしゃ》を 調《しら》べさせていたのか…

名前《なまえ》
Raye《レイ》=Penber《ペンバー》
of INVESTIGATION
FBI
AGENT
信用《しんよう》します 今《いま》はあえて 何故《なぜ》 FBI《エフビーアイ》の捜査官《そうさかん》が ここに乗《の》り合《あ》わせたのかは聞《き》きません
銃《じゅう》は？
持《も》っている
では いざという時《とき》は おまかせして いいですね？
ああ
銃《じゅう》を使《つか》うのは あくまでも最終手段《さいしゅうしゅだん》だ… 日本警察《にほんけいさつ》に何《なん》の為《ため》に日本《にほん》に居《い》たのかと聞《き》かれてしまう…
ただ アメリカの犯罪者《はんざいしゃ》が 最《もっと》も多《おお》くキラに殺《ころ》されている という事実《じじつ》もある FBI《エフビーアイ》が独自《どくじ》にキラを 追《お》っていても、日本警察《にほんけいさつ》を 疑《うたが》っているとは思《おも》われない だろう
しかし今《いま》は そんな事《こと》より 人命《じんめい》だ…
あの男《おとこ》… 二日前《ふつかまえ》に日本《こっち》のニュースに なっていた男《おとこ》だ
銀行《ぎんこう》を襲《おそ》い 一般人《いっぱんじん》を三人殺《にんころ》して逃《に》げた 麻薬常習犯《まやくじょうしゅうはん》 極《きわ》めて危険《きけん》だ…

ゴオオオ
ゴト…
ゴト…
大丈夫《だいじょうぶ》 奴《やつ》の銃《じゅう》は絶対《ぜったい》 僕達《ぼくたち》を撃《う》たない……
ポロ…
あ
おい おまえ! 動《うご》くな!! なんだ その紙《かみ》は…
てめーっ 乗客同士《じょうきゃくどうし》で メモ回《まわ》して 何《なに》か相談《そうだん》してたのか
ま…まずい あのメモを 見《み》られたら
彼《かれ》が隙《すき》を見《み》て 奴《やつ》に飛《と》びかかろうと していた事《こと》が——
ガサ‥

11時27分発
スペースランド行き
南自然公園前バス停
けっ
デートの約束《やくそく》かよ
くだらねえっ
やった…
いいか
てめぇら
今度《こんど》妙《みょう》な動《うご》き
したら　その時《とき》は…
な…なんだ
てめーは!?
そ…
そこの一番後《いちばんうし》ろの奴《やつ》
!

何《なに》ふざけてやがる
い…いつから そこに居《い》た——っ!?
あん? 俺《おれ》の事《こと》か?
おまえ 俺《おれ》の姿《すがた》が見《み》えるのか…?
う…動《うご》くんじゃねーっ
う… 撃《う》つぞ 化《ば》け物《もの》…
まずい 麻薬中毒者《まやくちゅうどくしゃ》 特有《とくゆう》の幻覚《げんかく》を見《み》ている
みんな 伏《ふ》せろ!
キャーーーッ

あっ　そうか
さっき ライトが落《お》とした デートの約束《やくそく》メモ デスノートを切《き》って 書《か》いた物《もの》だったって わけか
そして こいつに メモを触《さわ》らせ こいつにだけ 俺《おれ》の姿《すがた》を見《み》せる…
あったまい～
く… 来《く》るな… う…うわあああっ
ダン
ダン
きゃ――っ

シュウウ…
悪《わる》いな
俺《おれ》は死神《しにがみ》だから
そんな物《もの》じゃ死《し》なないんだ
ウウ…
うわあぁああ
『俺《おれ》はライトの後《あと》を いつもついていなければならない』
『デスノートに触《さわ》った者《もの》には俺《おれ》の姿《すがた》が見《み》える』
そして
『死神《しにがみ》は頭《あたま》を拳銃《けんじゅう》でぶち抜《ぬ》かれようとも死《し》なない』
みんな オレが
ライトに言《い》った事《こと》だ

グチュ
さすが全国共通模試《ぜんこくきょうつうもし》1位《い》応用力《おうようりょく》がある
グチュ
そして この麻薬常習《まやくじょうしゅう》の犯罪者《はんざいしゃ》を使《つか》って尾行《びこう》してた奴《やつ》の名前《なまえ》もなんなくゲットか…
ガチッ
ガチッ
あ…わ…
やった弾切《たまぎ》れだ
ひいい〜〜っ
車《くるま》を止《と》めてドアを開《あ》けろ!!

バッ
キキ
ハァ
ハァ
キ
キキ
キキ

……
ジャスト11時《じ》45分《ふん》
デスノートに狂《くる》いなし
田奇一郎　事故死
003年12月20日 土曜日
園区三丁目 公園東口バス停より 午前11時31分発
スペースランド行き南北バスに弾丸6発の入ったピストルを
持って乗り込み 乗客を人質に
スペースランドの売り上げを奪おうとするが
この世のものとは思えぬ 恐ろしい幻影を見て
それに向かって全弾を発砲
銃弾が無くなった事と 恐怖から逃走しようと
バスから飛び降りた所で 同日午前 11時45分
事故に遭い死亡。

1 退屈《たいくつ》（完《かん》）

DEATH NOTE

How to use it

VII

- One page taken from the DEATH NOTE, or even a fragment of the page, contains the full effects of the note.
  デスノートから切《き》り取《と》った1ページやその切《き》れ端《はし》でも全《すべ》て、
  デスノートの特性《とくせい》が有効《ゆうこう》である。

- The instrument to write with can be anything, (e.g. cosmetics, blood, etc) as long as it can write directly onto the note and remains as legible letters.
  文字《もじ》として残《のこ》る物《もの》であれば、書《か》く道具《どうぐ》はノートに直《じか》に書《か》き込《こ》みさえすれば
  何《なん》でもよい。化粧品《けしょうひん》や血《ち》でも構《かま》わない。

- Even the original owners of the DEATH NOTE, gods of death, do not know much about the note.
  デスノートについて、わからない事《こと》は元持《もとも》ち主《ぬし》の死神《しにがみ》でも沢山《たくさん》ある。

贈物《プレゼント》

聖夜《クリスマス》

※この4コマ漫画《まんが》は、週刊少年《しゅうかんしょうねん》ジャンプH16年《ねん》4・5合併号《がっぺいごう》に掲載《けいさい》されました。

21世紀《せいき》に復活《ふっかつ》!!
小畑《おばた》 健《たけし》初《はつ》連載《れんさい》作品《さくひん》
世紀《せいき》を跨《また》ぐ伝説《でんせつ》ギャグ漫画《まんが》
ジャンプコミックス21世紀版《せいきばん》
全《ぜん》2巻《かん》
CYBORG《サイボーグ》
じいちゃんG《ジー》
世界唯一《せかいゆいいつ》の囲碁漫画《いごまんが》!
囲碁《いご》ブームは
ここから始《はじ》まった!
ジャンプコミックス
ヒカルの碁《ご》
全《ぜん》23巻《かん》
原作《げんさく》:ほったゆみ
漫画《まんが》:小畑《おばた》 健《たけし》
監修《かんしゅう》:梅沢由香里《うめざわゆかり》五段《ごだん》(日本棋院《にほんきいん》)
PRESENTS
絶賛発売中《ぜっさんはつばいちゅう》!!

悪《あく》意《い》は増《ま》して
笑《え》み。
憤《いきどお》り。
第《だい》2巻《かん》2004年《ねん》7月《がつ》発《はつ》売《ばい》!!!

いく…………
レイ・ペンバーの名前《なまえ》を
知《し》った夜神月《やがみライト》。
FBI《エフビーアイ》捜査《そうさ》官達《かんたち》に、
その裁《さば》きはくだるのか？
キラを追《お》う者達《ものたち》の
運命《うんめい》は…。
DEATH NOTE
デスノート
7
原作《げんさく》　大場《おおば》つぐみ
漫画《まんが》　小畑《おばた》　健《たけし》
そして——。

表紙使用フォント／©DIGITALOGUE

■ジャンプ・コミックス

DEATH NOTE

1 退屈

2004年4月7日　第1刷発行
2006年8月6日　第31刷発行

著　者　大場つぐみ
©Tsugumi Ohba　2004
小畑　健
©Takeshi Obata　2004

編　集　ホーム社
東京都千代田区一ツ橋2丁目5番10号
〒101-8050
電話　東京　03(5211)2651

発行人　鳥嶋和彦

発行所　株式会社　集英社
東京都千代田区一ツ橋2丁目5番10号
〒101-8050
03(3230)6233(編集部)
電話　東京　03(3230)6191(販売部)
03(3230)6076(読者係)
Printed in Japan

印刷所　図書印刷株式会社

ISBN4-08-873621-4　C9979